Kathrin Höchst

Wir
vom Jahrgang
1983
Kindheit und Jugend

Impressum

Bildnachweis

Umschlag:
Privatarchiv Kathrin Höchst.

Innenteil:
Privatarchiv Anna Grossherr: S. 7 u., 11 o.; Ullstein bild: Pressefoto Ulmer: S. 8, Bonn-Sequenz: S. 18 u., dpa: S. 19, 22, 35, Jazz Archiv Hamburg: S. 26, AP: S. 37, Public Address: S. 46, 48; © Gerstenberg Verlag GmbH & Co. KG: S. 18 o.; © Egmont Ehapa Verlag: S. 34; Tomasz Sienicki, CC BY-SA 3.0, via Wikimedia Commons: 56 l. Alle übrigen Bilder stammen aus dem Privatarchiv der Autorin.

Wir danken allen Lizenzträgern für die freundliche Abdruckgenehmigung.
In Fällen, in denen es nicht gelang, Rechtsinhaber an Abbildungen zu ermitteln, bleiben Honoraransprüche gewahrt.

7., überarbeitete Neuauflage 2022
Alle Rechte vorbehalten, auch die des auszugsweisen Nachdrucks und der fotomechanischen Wiedergabe.
Gestaltung und Satz: r2 | Ravenstein, Verden
Druck: Druck- und Verlagshaus Thiele & Schwarz GmbH, Kassel
Buchbinderische Verarbeitung: Buchbinderei S. R. Büge, Celle
© Wartberg-Verlag GmbH
34281 Gudensberg-Gleichen • Im Wiesental 1
Telefon: 056 03/9 30 50 • www.wartberg-verlag.de
ISBN: 978-3-8313-3083-6

Liebe **1983er!**

Während unserer Geburt zogen 99 Luftballons gen Horizont und unser erster Schrei läutete das Ende der Neuen Deutschen Welle ein. Nena schaffte es noch in die vorderen Ränge der Hitliste, bevor Künstler wie Michael Jackson und Prince auf dieser Welle surften. Auch überaus witzige Sponti-Sprüche wie „Gemeinsam sind wir unausstehlich" und „Ein Hoch auf die Kinder unserer Eltern" begleiteten uns auf unserem Weg ins Leben hinein. Einige sollten in späteren Jahren sogar zu unserem Motto werden. „Alle reden von Schule, aber keiner macht was dagegen."

Eines war ganz klar! Es versprach eine spannende Zeit zu werden und unseren Eltern zeigten wir auch, was es bedeutet, einen waschechten 83er großzuziehen. Während Mama und Papa über den perfekten Namen diskutierten, verstrickten sich die Supermächte USA und Sowjetunion in ein Wettrüsten. Unser neugebackener Bundeskanzler hieß Helmut Kohl, wobei Helmut nicht in den Top Ten der Vornamenliste für 1983 zu finden war. Die lieben Eltern bevorzugten Namen wie Stefanie und Christian, Julia und Denis oder Anna und Sebastian.

Noch ganz andere Überraschungen hielt unser Geburtsjahr für die Welt bereit. Die Grünen spazierten das erste Mal in den Bundestag, und auch das Wetter hatte 1983 einiges zu bieten. Kälte und Hitze gaben sich die Hand. Einschneidende Ereignisse wie die Katastrophe von Tschernobyl und die Wiedervereinigung prägten unsere Kindheit. Wir wuchsen zu Jugendlichen heran – überfordert von all den Wahlmöglichkeiten, die sich uns boten – und mit denselben Ängsten und Hoffnungen, mit Liebeskummer und Freude, wie schon viele Generationen vor uns.

So erinnere ich mich gerne an die Zeit zurück. Ich hoffe, auch euch macht es Spaß, die alten Geschichten Revue passieren zu lassen und auf diese Weise den ersten wertvollen Lebensabschnitt im Gedächtnis und im Herzen zu bewahren.

Kathrin Höchst

Als wir noch **Babys** waren …

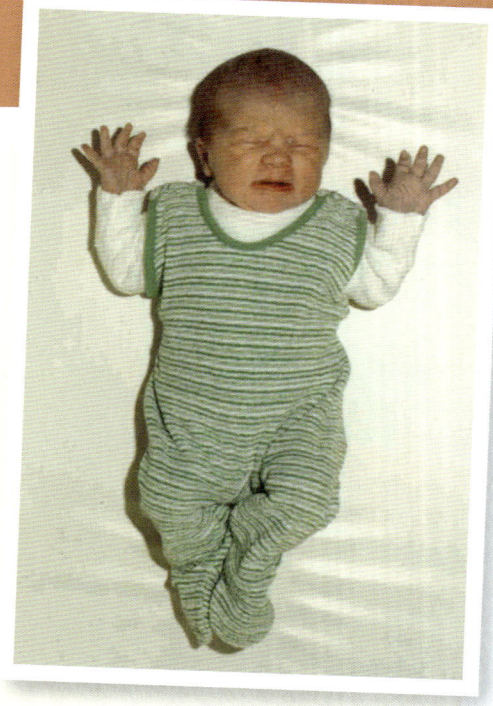

Waren wir nicht alle niedliche Tyrannen?

Im richtigen Zeitgeist geboren

Als wir das Licht der Welt zum ersten Mal erblickten, war dies nicht nur unsere Geburtsstunde. Am 1. März 1983 wurde die neue Uhrenmarke Swatch in der Schweiz eingeführt. Die ersten Swatch-Uhren, die es auf dem Markt zu erstehen gab, konnten sich ein ausgefallenes Farbenspiel noch nicht leisten, was sich jedoch bald ändern sollte. Die Modelle des Schweizer Uhrenunternehmens wurden nicht nur von Jahr zu Jahr

Chronik

23. September 1983
Gründung der ersten deutschen AIDS-Hilfe in Berlin. Nachdem 1981 die Krankheit AIDS als Seuche registriert wird, wird der AIDS-Virus 1983 identifiziert.

20. Juli 1983
Das Kriegsrecht in Polen (seit dem 13.12.1981) wird aufgehoben.

22. Oktober 1983
1,3 Millionen Menschen demonstrieren in Deutschland gegen die Stationierung von US-amerikanischen Mittelstreckenraketen mit Atomsprengköpfen. Vier Wochen später billigt der Deutsche Bundestag die Stationierung.

7. Februar 1984
Der Astronaut Bruce McCandless schwebt nach dem Ausstieg aus der US-Raumfähre Challenger als erster Mensch im Weltraum.

23. Mai 1984
Richard von Weizsäcker wird Bundespräsident.

31. Oktober 1984
Indira Gandhi wird ermordet.

13. Februar 1985
Die Dresdner Semper-Oper wird am 40. Jahrestag ihrer Zerstörung durch den Zweiten Weltkrieg neu eröffnet.

11. März 1985
Gorbatschow kommt in Moskau an die Macht. Er wird mit 54 Jahren zum zweitjüngsten Generalsekretär der Kommunistischen Partei gewählt.

7. Juli 1985
Boris Becker gewinnt im Alter von 17 Jahren das Wimbledon-Turnier.

7. Oktober 1985
Palästinenser entführen vor der Küste Ägyptens das Kreuzfahrtschiff „Achille Lauro" mit 545 Passagieren und fordern von Israel die Freilassung von 50 Häftlingen – ohne Erfolg.

Alete – Alles Gute für ihr Kind.

bunter, sie bekamen zusätzlich noch lustige Namen wie Flik Flak. So hieß beispielsweise die Kindermarke von Swatch, die viele kleine Herzen höherschlagen ließ.

Wir waren zu diesem Zeitpunkt jedoch noch kleine, schreiende Wesen. Ahnungslos, dass wir in einigen Jahren stolze Besitzer einer solchen Flik-Flak-Uhr sein würden, in der Flik, ein Junge mit blonden Wuschelhaaren oder auch der große Minutenzeiger, und seine kleine Schwester Flak ihre Runden im rosa, blauen oder grünen Ziffernblatt drehten. Das Uhrenarmband passte selbstverständlich farblich dazu und war mit süßen Hündchen, schönen Blümchen, tollen Delfinen oder coolen Rennautos verziert. Doch bis zur ersten Klasse, in der wir die Uhr langsam zu verstehen begannen, sollten noch etwa sieben Jahre vergehen. Jetzt war uns die Zeit noch kein Begriff. Wir wollten nur schlafen, essen, in den Armen unserer frischgebackenen Eltern geschaukelt werden und schlafen und essen …

1. bis 3. Lebensjahr

Dafür stehe ich mit meinem Namen

Wie man sieht, waren auch wir 83er im Grunde eine Generation ganz „normaler" Babys, mit runden, rosigen Pausbacken, süßen Mützchen und vollen Windeln. Somit bestand eine unserer Prioritäten in der Nahrungsaufnahme. Weniger wichtig war uns, aus welchen Zutaten genau das Essen bestand, das da auf den Tisch kam. Wir waren vor allem froh, wenn der Brei in unserem Mund und damit in unserem knurrenden Magen landete. Vor allem bei unseren ersten Essversuchen im Alleingang, bei denen das Früchtemus eher im Schoß landete als im Mund. So endete ein solcher Essversuch für uns nicht selten in der Badewanne. Natürlich kochten uns unsere fürsorglichen Mütter in der Regel ein feines Mahl aus frischen Zutaten. Gekocht wurde dabei so lange, bis die teuren Zutaten zu Brei wurden. Aber manchmal musste es eben auch schnell gehen.

Zum großen Glück unserer Eltern gab es zu unserer Zeit bereits „Hipp" und „Alete". Hatten es unsere Mamas hin und wieder also eilig, weil sie zu einer Mutter-Kind-Krabbel-Stunde verabredet waren, wurde nach einem der

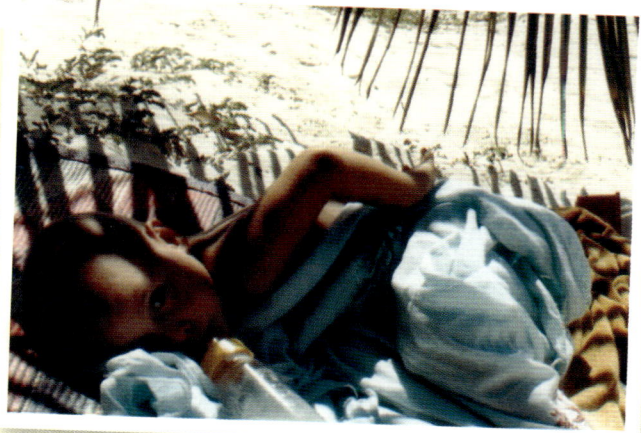

Babynahrung aus der Flasche.

besagten Gläschen gegriffen. Mund auf, Brei rein, Mund zu und schon konnte es losgehen. Eingewickelt in einem Tuch, das sich unsere Hippie-Mamas um Hals und Hüften knoteten, machten wir uns gemeinsam auf den Weg zum Kaffee-Krabbel-Kränzchen. Die Tuchvariante war so lange „in", bis wir von zu viel Brei zu schwer geworden waren und unsere Trägerinnen die Vorzüge des Kinderwagens erkannten.

Wenn es sich ergab, wurde gerne auch ein gemeinsamer Schönheits-schlaf gemacht.

1. bis 3. Lebensjahr

Philipp Lahm

Geboren im Jahr 1983

11. Feb. – **Rafael van der Vaart**,
niederländischer Fußballspieler

23. Feb. – **Emily Blunt**,
britische Schauspielerin

9. Juni – **Theodora von Griechenland**,
griechische Prinzessin

14. Juni – **Anna Lührmann**,
deutsche Politikerin Bündnis 90/Die
Grünen, bisher jüngste jemals in den
Bundestag gewählte Abgeordnete

15. Juni – **Julia Fischer**,
deutsche Violinistin

18. Aug. – **Mika**,
britischer Popmusiker

2. Sep. – **Aimee Rachel Osbourne**,
Model, Schauspielerin und Kolumnistin

3. Sep. – **Alexander Klaws**,
deutscher Popsänger

3. Sep. – **Eko Fresh**,
deutscher Rapper türkischer Herkunft

14. Sep. – **Amy Winehouse**,
britische Soulsängerin

5. Nov. – **Mike Hanke**,
deutscher Profifußballer

11. Nov. – **Phillip Lahm**,
deutscher Profifußballer

11. Dez. – **Marlon Kittel**,
deutscher Schauspieler

Vom Kinderbettchen ins geweihte Becken

Unsere Eltern, die gerade noch wilde Hippies waren, mit der Clique auf dem Motorrad unterwegs zur Adria, oder Ökos, mit biologisch erstellten Bannern auf Demos zu finden, wurden plötzlich zu verantwortungsbewussten jungen Mamas und Papas. Man könnte behaupten, wir 83er hatten Glück mit unseren Mamas in lässigen Mickey-Maus-T-Shirts und Papas mit Rauschebart-Look. Denn schließlich kamen sie aus einer Zeit, in der Veränderung und Neuorientierung bestimmend waren. So wurde auch die Frage der Religionszugehörigkeit neu diskutiert.

Einige von uns wurden nach wie vor als Winzlinge unter Protestgeplärr und Pfarrersgemurmel zu einem Kind Gottes geweiht. Zur großen Freude der Tanten, Onkel und anderen Verwandten, die wunderschöne Fotos des familiären Nachwuchses in weißem Rüschengewand bekamen.

Manch andere waren mit Eltern gesegnet, die sich etwas mehr Zeit dafür ließen, ihren „Kleinen", also uns, den Beitritt in die Kirche zu offenbaren. In diesem Fall entschieden wir uns als Teenies oft ganz freiwillig für das Weihwasser, die Oblate und den vielleicht ersten Schluck Wein unseres jungen Daseins.

Das sind sie, die jungen, verantwortungsbewussten Eltern!

Zu guter Letzt gab es noch die Sorte Eltern, die sich – zum Entsetzen ihrer eigenen Mütter – für einen neuen Weg entschieden. Ihnen lag daran, uns im Laufe der Zeit die Augen für die verschiedensten Weltreligionen zu öffnen. Vom Buddhismus über den Islam bis hin zum Katholizismus waren Fachbücher im Wohnzimmerregal zu finden. Nicht selten führte das dazu, einfach keine Religionen zu wählen. Das Ausmaß dieser Entscheidung bekamen wir an Ostern, Weihnachten oder Geburtstagen, wenn die ganze Familie mal wieder zusammenfand, zu spüren. Da stellten wir fest, dass unsere Omas es wohl doch noch nicht ganz überwunden hatten. Das liebe Enkelchen ein Heidenkind? Nein, nein!

Der „Heiße Herbst"

„Heißer Herbst", dies ist die Bezeichnung für die Konfrontation der Friedensbewegung mit der Bundesregierung um Bundeskanzler Kohl in Deutschland. Der Anlass der Friedensbewegung ist die bevorstehende Stationierung von über 100 Mittelstreckenraketen auf dem Gebiet der Bundesrepublik Deutschland, die von der neu gewählten Regierung unterstützt wird. Die Reaktionen der Friedensbewegung sind Demonstrationen und der Ausruf des „Antikriegstages" am 1. September 1983. Nicht nur Bürger, auch zahlreiche Politiker, Schriftsteller und andere bekannte Aktivisten beteiligen sich an der Friedensbewegung. Durch den Einzug der Grünen im März 1983 in den Bundestag gewinnt die Friedensbewegung auch parlamentarisch an Gewicht. Die Stationierung der Raketen kann trotzdem nicht verhindert werden. Am 22. November 1983 stimmt die regierende Koalition aus CDU/CSU und FDP mehrheitlich für die Nachrüstung.

„Mei, werden die schnell groß ..."

Das mit dem Essen klappte nun immer besser, um nicht zu sagen schon richtig gut. Und auch in unseren Schlafgewohnheiten zeigten sich Veränderungen. Inzwischen wachten wir meist erst auf, wenn es draußen hell wurde. Mama freute sich, denn sie hatte ihren Schönheitsschlaf zurück, und Papa

Alles musste probiert werden.

freute sich, weil Mama schöner wurde. Und natürlich, weil auch er endlich einmal wieder durchschlafen konnte. Die Lieben hatten sich einen gesunden Schlaf auch redlich verdient! Denn wir wurden einer Darbietung unseres ersten Wunschberufs nicht müde. Wir 83er, geboren, um Stars zu sein, hatten den festen Willen, Schlagzeuger einer berühmten Rockband zu werden. Somit verbrachten wir die Zeit, in der wir nicht schliefen, damit, sämtliche merkwürdigen Gegenstände, die wir in die Finger bekamen, auf den Boden, den Küchentisch oder gegen den Kühlschrank zu donnern. Für uns schien das komische Ding, das die Großen als Kochlöffel bezeichnen, auch keinen anderen Zweck zu erfüllen, als möglichst viel Krach zu erzeugen! Unsere Begabung war kaum zu übersehen und noch weniger zu überhören.

Manch einer hatte auch nichts dagegen, den Part des Keyboarders zu übernehmen.

1. bis 3. Lebensjahr

Die gefälschten Hitler-Tagebücher

Helmut Kohl ist zum Kanzler gewählt worden, die Grünen nehmen Einzug in den Bundestag, die ersten Pershing-Raketen treffen in der Bundesrepublik ein und einer der wohl größten Skandale in der Geschichte der deutschen Presse nimmt seinen Lauf: der spektakuläre Fund der Hitler-Tagebücher.

Am 25. April 1983 macht die Illustrierte Stern in einer Pressekonferenz publik, sie sei im Besitz der Tagebücher von Adolf Hitler. Die Hamburger Illustrierte kündigt an, bereits drei Tage später, am 28. April 1983, mit dem Abdruck „der geheimen Gedanken des Führers" zu beginnen.

Eine große Rolle in dem Medienskandal spielt der Hamburger Journalist Gerd Heidemann. Er nimmt Kontakt zu dem Tagebuchfälscher Konrad Kujau auf, der behauptet, im Besitz der Hitler-Tagebücher zu sein. Die Schriftstücke wurden angeblich in einem Flugzeug gefunden, das am 21. April 1945 in Börnersdorf in Sachsen – damalige DDR – abgestürzt sein soll. Vieles weist auf die Echtheit der Tagebücher hin. Heidemann fährt beispielsweise nach Börnersdorf, wo er die Grabsteine der beiden Piloten vorfindet. Auch der Historiker Sir Hugh Trevor-Roper, der die Schriftstücke prüft, bestätigt ihre Echtheit.

Diese und andere Fakten genügen dem Stern, um mehrere Millionen für die Hitler-Tagebücher zu zahlen und selbige zu veröffentlichen. So schreibt der Stern-Chefredakteur Peter Koch in der ersten Ausgabe, die Auszüge der Tagebücher beinhalteten den legendär gewordenen Satz: „Die Geschichte des Dritten Reichs muss zu großen Teilen neu geschrieben werden." Nur ein bis zwei Wochen später folgt die erschütternde Nachricht über die Fälschung der Tagebücher. Der Reporter Heidemann hört die Nachricht, dass die Schriften des Führers Fälschungen sind, im Auto. „Ich habe nur geguckt, wo ist der nächste Brückenpfeiler, gegen den ich fahren kann. Ich fühlte mich bleich, taub, am Ende. Aber es kam keine Brücke", so Heidemann.

Dieser enorme Presse-Fehltritt der Hamburger Illustrierten bleibt nicht ohne Folgen. Der Stern muss sich öffentlich entschuldigen und der Chefredakteur Peter Koch tritt zurück. Konrad Kujau, der durch die Fälschung der Tagebücher berühmt wird, bekommt wegen Betrugs eine Haftstrafe von vier Jahren und sechs Monaten. Nach drei Jahren wird er auf Grund einer schweren Kehlkopfkrebserkrankung frühzeitig entlassen. Er nutzt sein Talent und seine durch den Stern-Skandal gewonnene Berühmtheit und gründet ein Atelier, in dem er original Kujau-Kopien, unter denen beispielsweise Bilder von angesehenen Künstlern wie Renoir und Picasso zu finden sind, ausstellt und offiziell verkauft.

Der Journalist Gerd Heidemann wird verdächtigt, einige der Millionen, die der Stern für die Hitler-Tagebücher gezahlt hat, in die eigene Tasche gesteckt zu haben. Daraufhin verurteilt ihn das Hamburger Landgericht im Juli 1985 zu vier Jahren und acht Monaten Haft. Die Geschichte der gefälschten Hitler-Tagebücher geht auch an dem deutschen Regisseur Helmut Dietl nicht vorbei. Er dreht 1992 seinen Film „Schtonk!", in dem er den tragischen Presseskandal in Form einer bissigen Komödie aufarbeitet.

„Bald kommst du in den Kindergarten"

Nachdem wir nun herausgefunden hatten, wie man isst, trommelt, krabbelt und läuft – sogar aus dem Gebrabbel und Gegurgel wurden bereits erste Wörter wie Mama, Papa und Saugstauber – wartete noch eine weitere Disziplin auf uns. Unsere Eltern wollten plötzlich, dass wir Aa und Pipi in ein kleines blaues Töpfchen machen. Was das bezwecken sollte, war uns nicht klar. Doch nachdem sie uns mit leuchtenden Augen anstrahlten und begeistert mit Küssen überhäuften,

Die ersten Gehversuche machten wir lieber noch an der Hand der älteren Geschwister!

wenn wir sagten „Aa kommt!", nahmen wir uns vor, es regelmäßig zu tun. So kam es, dass wir die bequemen Pampers – die uns während unserer ersten Gehversuche bei so manchem Sturz ein treues Sicherheitspolster waren – bald nur noch nachts trugen. Und schließlich kam der Tag, an dem uns Papa auf das große Klo setzte und uns zeigte, wie durch nur einen Knopfdruck das Toilettenpapier verschwand. Am Abend gingen wir das erste Mal ohne Windel ins Bett und unsere Eltern erzählten uns vor dem Einschlafen: „Jetzt bist du schon so groß." Und: „Bald darfst du in den Kindergarten." Wir schliefen ein, träumten von einem Dreirad und von den Abenteuern, die auf uns warteten.

So sah das Dreirad von unseren Papas aus …

… und so das unsere!

1986-1988

Mit Stock und Hut durch den **Kindergarten**

Schon im Kindergarten können wir für die vielen Klassenfotos üben.

Der Basar unserer Kindheit

Das erste Mal in den Kindergarten zu gehen war für uns nicht nur sehr aufregend, sondern zunächst einmal auch sehr verwirrend. Schlaftrunken saßen wir in der Küche – verwundert darüber, dass wir schon wach und komplett angezogen waren. Aus kleinen Äuglein schauten wir Mama dabei zu, wie sie zwei Brotscheiben dick mit Butter bestrich. Zusammengeklappt wickelte sie das

Chronik

26. Januar 1986
Das Space Shuttle Challenger explodiert kurz nach dem Start, die sieben Besatzungsmitglieder sterben.

19. Februar 1986
Die erste ständig bemannte Raumstation MIR wird von den Russen ins All geschossen.

26. April 1986
Im Atomkraftwerk von Tschernobyl in der Ukraine kommt es zum größten Kernreaktorunfall der Geschichte, 580 000 Menschen sind unmittelbar betroffen.

12. Juni 1986
Über ganz Südafrika wird wegen der Aufstände in den Ghettos der Schwarzen der Ausnahmezustand verhängt. Bis Juni 1987 werden mehr als 25 000 Personen verhaftet.

25. Mai 1987
Mit einer halben Million Interviewern läuft eine von Datenschützern heftig umstrittene Volkszählung ab, bei der man neben dem Zählen des Volkes Verhaltensmuster erforschen will, um den Wohnungs- und Straßenbau effizienter planen zu können.

11. März 1987
Helmut Kohl (CDU) wird erneut Bundeskanzler.

2. Oktober 1987
Uwe Barschel tritt von seinem Amt als Ministerpräsident Schleswig-Holsteins zurück. Neun Tage später wird er tot in der Badewanne eines Hotelzimmers in Genf aufgefunden. Bis heute konnte der mysteriöse Tod nicht aufgeklärt werden.

8. Dezember 1987
US-Präsident Reagan und der sowjetische Generalsekretär Gorbatschow beschließen die beiderseitige Reduzierung atomarer Mittelstreckenraketen.

14. April 1988
Die Sowjetunion verpflichtet sich zum Abzug ihrer Truppen aus Afghanistan.

20. August 1988
Ende des seit 1980 andauernden Ersten Golfkrieges zwischen Iran und Irak.

Brot in Alufolie oder legte es in eine kleine dafür vorgesehene Box. Ein paar Karotten-, Gurken- oder Paprikastreifen dazu und ein Tetra Pak Kakao mit Strohhalm. Nun wurde das Essen ein weiteres Mal verpackt – in eine kleine Tasche, die Mama uns um den Hals hängte. Auch wenn wir uns nicht sicher waren, wie groß das bevorstehende Abenteuer werden würde, uns war klar, dass wir dafür gerüstet waren. Mit der Tasche um den Hals konnte uns nichts passieren.

Im Kindergarten angekommen wurde als Erstes die Frage des Garderobenbildchens geklärt. Dort wurden wir zur Erdbeere, zum Regenschirm oder zum Igel, bevor wir uns vorsichtig ohne Tasche bis in den Gruppenraum vortasteten. Die Tränen zum Abschied von den Mamas und Papas, die loshetzten, um es noch pünktlich zur Arbeit zu schaffen, waren schnell vergessen. Ebenso die anfängliche Zurückhaltung beim Betreten des Gruppenraums. Rasch suchten wir uns ein, zwei Kinder aus zum Türme-Bauen, Bilder-Malen und Sandkuchen-Backen. Bereits im Alter von vier Jahren wollten wir die neu gewonnenen Freunde beeindrucken. Was später der Zehnmeterturm im Schwimmbad und die coolsten Skateboard-Tricks werden sollten, waren damals das bis in den Himmel reichende Klettergerüst, das uns nicht abschreckte, und das Bobby Car, mit dem wir todesmutig den Berg hinunterbrausten.

Nach einer kurzen Eingewöhnungsphase fanden wir ganz schnell heraus, was im anfangs gefürchteten Kindergarten tatsächlich Sache war. Uns Zwergen eröffnete sich ein Paradies für jeglichen Tauschhandel. Am Vormittag waren es die von zu Hause mitgebrachten Autos und Dinosaurier, Kuscheltiere und Playmobilfiguren. Mittags versuchten wir die besten Schokoriegel, die köstlichsten Getränke und die am leckersten belegten Brote zu ergattern. Doch der Favorit unter den Tauschgegenständen waren die heiß geliebten Hörspielkassetten. Auch wenn die Geschichten um Benjamin und Bibi schon lange vor unserer Zeit begannen, wir hörten sie, wann immer sich uns die Gelegenheit bot. Und am liebsten zum Einschlafen.

Mit Musik geht alles leichter

Nach unserem erfolgreichen Einstieg in das große Kindergartenbusiness legte sich die erste Aufregung wieder. Immerhin waren wir jetzt schon vier! Sich alleine anzuziehen klappte schon ziemlich gut. Dass wir Pulli und Strumpfhose

falsch herum trugen, störte uns nicht im Geringsten. Schuhe zu binden hatten wir auch gelernt, Klettverschlüsse erschienen uns trotzdem viel praktischer. Und zugegeben, etwas neidisch waren wir schon auf die Kinder, die nicht ewig an ihren Schuhbändern experimentieren mussten, sondern einfach mit einem „Ratsch" die Schuhe öffneten und noch leichter wieder zumachten. Hatten wir es geschafft, die komplizierte Knoten-Schleifen-Konstruktion zu binden und schrien glücklich „Fertig!", schienen unsere Erzieherinnen nicht immer

Durften wir uns die Klamotten selber heraussuchen, sahen wir natürlich todschick aus!

gleichermaßen zufrieden mit uns. Denn unsere Schleifen waren oft so gut gebunden, dass sie nie wieder aufgingen. Eindeutig ein Vorteil aus unserer Sicht, denn fest sitzende Stiefel konnten wir gut gebrauchen. Uns kleinen Energiebündeln schwirrte nämlich nur ein Gedanke im Kopf herum – einen Stock zu finden und genau wie Hänschen-Klein in die weite Welt zu stiefeln. Unerschrocken „Hänschen klein" singend, gingen wir hinein in den Tag. Natürlich gab es noch viele andere tolle Kinderlieder, die wir liebten. Ganz oben in den Top Ten der Kinder-Hitparade war „Anne Kaffeekanne". Wir waren begnadete – oder wie unsere Eltern sagen würden – gnadenlose Sänger. So machten wir mit Liedern wie „Das Katzentatzenspiel", „Pinguin-Lied" oder „Wem gibt der Elefant die Hand?" nicht nur uns glücklich. Auch unsere Mamas und Papas konnten die Texte alle auswendig, zumal wir ihnen bei jeder Gelegenheit unsere Liederkassetten unter die Nase hielten – ob beim Kochen in der Küche oder beim Autofahren. Sie kamen nicht darum herum, unsere Lieblingslieder stundenlang und immer wieder zu hören.

Selbst das Zähneputzen lernten wir im Kindergarten!

Von Abenteuern und Zähneputzen

Was wir mit Stock und Hut tagsüber alles erlebten, wurden wir abends nicht müde, unseren Eltern – die von unseren Abenteuern stets beeindruckt schienen – wie echte Erforscher zu berichten. Wir hätten Stunden erzählen können! Doch nach der Berichterstattung beim gemeinsamen Abendessen war es für uns an der Zeit, Zähne zu putzen. Während der Sand durch die kleine, extra für uns angebrachte Sanduhr über dem Waschbecken im Badezimmer rieselte, setzten wir penibel genau das um, was uns der nette Zahnarzt bei seinem Besuch im Kindergarten an einem Riesengebiss gezeigt hatte. Damals, als wir vier und fünf Jahre alt waren, hatten wir auch noch keine Ahnung, dass wir Zahnärzte irgendwann hassen würden. Wir fanden sie toll. Schließlich hatten sie immer ein kleines Geschenk für uns – einen schönen

4. bis 6. Lebensjahr

Von Büchern wurden wir nie satt.

Hüpfball oder ein lustiges Jojo –, wenn sie uns in den Mund schauen durften. Und als Bonus kam noch dazu, dass unsere Zahnpasta rosa war und lecker schmeckte.

In den Schlafanzug geschlüpft suchten wir uns noch ein Buch aus, das uns Mama oder Papa vorlesen musste. Wir hatten die Wahl zwischen „Die kleine Raupe Nimmersatt", die seit 1969 in keinem Kinderzimmer mehr fehlten durfte, und „Das kleine ich bin ich", das bereits seit 1972 zu den Lieblingen der Vorlesebücher gehörte.

Wen wir als Kinder wirklich liebten, das war Janosch mit seinen wunderschönen Bildern und Geschichten. 1985, als wir grade mal zwei Jahre alt waren, veröffentlichte Janosch eine neue Geschichte von dem kleinen Tiger und dem kleinen Bären, die die dicksten Freunde waren, die man sich nur vorstellen kann. „Ich mach dich gesund, sagt der Bär", war die neue Erzählung des deutschen Illustrators und Kinderbuchautors, für die er 1987 den Silbernen Pinsel erhielt. Auch „Oh wie schön ist Panama" und „Komm, wir finden einen Schatz" wollten wir wieder und wieder vorgelesen bekommen. Eines hatten unsere Bücher in jedem Fall alle gemeinsam: Jedes von ihnen war pädagogisch überaus wertvoll. Darauf hatten unsere Eltern geachtet.

Manchmal las Opa auch vor.

Ronald Reagan bei seiner Rede vor dem Brandenburger Tor.

Die deutsch-deutschen Beziehungen 1986 bis 1988

In den späten 80er-Jahren erleben die Beziehungen zwischen der DDR und der Bundesrepublik Höhen und Tiefen. Annäherungsversuche und gegenseitige Attacken wechseln sich ab. Dennoch zeichnet sich ganz langsam eine Öffnung beider deutsche Staaten ab.

9. Februar 1986
DDR-Bürgern, die aufgrund familiärer Angelegenheiten zu Verwandten fahren möchten, die im Westen leben, ist eine Ausreise seit dem 9. Februar leichter möglich.

4. Januar 1987
Bei einem Treffen der CDU in Dortmund bezeichnet Helmut Kohl die DDR als ein „Regime, das politische Gefangene in Gefängnissen und Konzentrationslagern hält", woraufhin der Vertreter der DDR zwei Tage später offiziellen Protest in Bonn einlegt.

12. Februar 1987
Ein 24-jähriger Mann stirbt bei einem Fluchtversuch über die Berliner Sektorengrenze. Er wird erschossen.

2. März 1987
Der berühmte Schlagersänger Udo Jürgens gibt in Ostberlin Friedrichstadtpalast drei Tage lang sein Programm „Deinetwegen" zum Besten. Der Rocksänger Peter Maffay beglückt am 9. März Ostberlin mit seinem Auftritt.

13. April 1987
Berlins Bürgermeister Eberhard Diepgen lädt den DDR-Staats- und Parteichef Erich Honecker zur 750-Jahr-Feier Berlins ein. Honecker lehnt ab, in den Westteil der Stadt zur Jubiläumsfeier zu kommen.

6. bis 8. Juni 1987
Vor dem Reichstagsgebäude in Westberlin findet ein Open-Air-Rock-Konzert statt, das auf der Ostseite zu schweren Auseinandersetzungen zwischen mehreren Tausend Jugendlichen und der Volkspolizei führt. Der Zusammenstoß mit der Polizei bewegt die jungen Menschen dazu, nach Freiheit zu rufen und zu fordern „Die Mauer muss weg!".

12. Juni 1987
US-Präsident Ronald Reagan reist zur 750-Jahr-Feier nach Westberlin. In seiner Rede, die er am Brandenburger Tor hält, richtet er sich mit folgenden Worten an den russischen Generalsekretär der KPdSU: „Generalsekretär Gorbatschow, wenn Sie nach Frieden streben, wenn Sie Wohlstand für die Sowjetunion und für Osteuropa wünschen, wenn Sie die Liberalisierung wollen, dann kommen Sie hierher zu diesem Tor. Herr Gorbatschow, öffnen Sie dieses Tor! Herr Gorbatschow, reißen Sie diese Mauer nieder!" („Tear down this wall!")

25. August 1987
Die DDR und die Bundesrepublik schließen ein Abkommen über wissenschaftliche und technische Zusammenarbeit.

7. bis 11. September 1987
Der DDR-Staats- und Parteichef Erich Honecker besucht die Bundesrepublik. Seit der deutschen Teilung ist sein Besuch der erste eines DDR-Oberhauptes in der Bundesrepublik.

 4. bis 6. Lebensjahr

Was waren wir feiernde Rabauken

Der Kindergarten und seine gesellschaftlichen Regeln waren uns in der
Zwischenzeit vertraut geworden. Was unsere Herzen jedoch nach wie vor
einen Hüpfer machen ließ, war das Feiern von Festivitäten. Bei jeder Fete,
jedem festlichen Ereignis, das anstand, schoss unser Aufregungsbarometer in
die Höhe. Ob Fasching, Ostern, Nikolaus oder Weihnachten, all diese Tage
bedeuteten für uns einen Zuckerrausch mit Schokoladeneiern, Lebkuchen und
Weihnachtsplätzchen. Durch all diese wunderbaren Feiern erschien uns das
Märchen vom Schlaraffenland greifbar nahe. Diese Tatsache alleine ließ unsere
Herzen bereits höherschlagen. An dem Tag, an dem sich der Nikolaus mit
seinem roten Gewand und dem langen, weißen Rauschebart in unseren
Kindergarten verirrte, bekamen wir nicht nur ein Säckchen voller Leckereien.
Unsere kleinen Hände wurden ganz feucht vor lauter Aufregung, unsere

Geburtstage waren für uns immer
ein tolles Event, ob unser eigener
oder der eines Freundes.

Bäckchen noch röter, als sie ohnehin schon waren und still auf unseren Stühlen zu sitzen fiel uns unendlich schwer – bis er endlich da war und wir vor Staunen und Ehrfurcht vor dem weisen Nikolaus erstarrten. Da saßen wir nun, wir sonst so mutigen Abenteurer, ganz still und leise im Stuhlkreis. Mit angehaltenem Atem warteten wir darauf, wen von uns er

Die Freude über Schokolade war immer groß. Auch wenn es nur ein Nutellabrot war!

aufrufen würde – wem die Ehre gebühren würde, seinen goldenen Stab zu halten. Er, der Nikolaus, von so weit her aus dem tiefen Wald gekommen, saß tatsächlich mitten unter uns. Nachdem er sich ein schönes von uns einstudiertes Nikolaus-Liedchen angehört hatte, schlug er sein großes Goldenes Buch auf. Während wir uns noch verdutzt fragten, wie all die Sachen über uns in seinem Buch stehen konnten, erzählte er mit tiefer Stimme der kleinen Runde von all unseren guten Taten und den vielen kleinen Schandtaten. Das mit dem angemalten Teppich und dass wir nie Mittagsschlaf machen wollen. Dass wir zwar meist brav aufessen würden, aber etwas öfter auf Frau Berta hören sollen. Mit tellergroßen Augen nickten wir ununterbrochen zu allem, was Herr Nikolaus uns sagte, und standen nach vollbrachter Standpauke auf, um ihm die Hand zu schütteln und unser prall gefülltes Säckchen entgegenzunehmen. Kaum war er wieder weg, hatte die Ruhe für Frau Berta ein Ende. Die Standpauke sogleich wieder vergessen, tobten und plärrten wir ungerührt weiter. Die mit Schoko überzogenen Lebkuchen waren schon weggeputzt. Die Nüsse und

Mandarinen aus unseren Säckchen kullerten im Gruppenraum umher und wir dachten nicht im Traum daran, gesittet einen Mittagsschlaf zu machen.

Oh, hatten wir Respekt vor dem roten Mann!

4. bis 6. Lebensjahr

Sport-Asse der späten 80er

Am 29. Juni 1986 gewinnt Argentinien das WM-Finale gegen die westdeutsche Fußballmannschaft mit einem 3:2. Der Argentinier **Diego Maradona**, der unumstrittene Superstar der Fußballweltmeisterschaft von 1986, wurde durch den zweiten argentinischen WM-Sieg für seine Landsleute zum Helden.

Boris Becker ist am 6. Juli 1986 zum zweiten Mal Sieger des Tennisturniers von Wimbledon. 1987 gewinnt er den Davis-Cup gegen John McEnroe. 1988 kann er in sieben Grand-Prix-Turnieren den Sieg erringen. Außerdem holt er mit der Davis-Cup-Mannschaft für Deutschland den Pokal. Im folgenden Jahr (1989) gewinnt er zum dritten Mal in Wimbledon sowohl die US Open als auch erneut den Pokal mit der Davis-Cup-Mannschaft für Deutschland.

Mike Tyson wird am 22. November 1986 im Alter von 20 Jahren durch seinen K.O.-Sieg in der zweiten Runde über Trevor Berbick jüngster Schwergewichts-weltmeister aller Zeiten. Am 7. März 1987 gewinnt Tyson den Weltmeistertitel im Schwergewicht. Er kämpft in Las Vegas, USA, gegen James Smith und erboxt sich seinen Weltmeistertitel durch Sieg nach Punkten. Am 30. Mai 1987 erlangt er den Weltmeistertitel im Schwergewicht in seinem Boxkampf gegen Pinklon Thomas. Dieses Mal erlangt er den Sieg durch K.O.

Die 18-jährige **Steffi Graf** löst am 16. August 1987 durch ihren Sieg im Tennisturnier von Manhattan Beach Martina Navratilova als Weltranglistenerste ab. 1988 siegt sie bei allen vier Grand-Slam-Turnieren sowie den Olympischen Spielen und gewinnt als bisher einzige Tennisspielerin den Golden Slam.

Katarina Witt aus der DDR wird am 7. Februar 1987 zum fünften Mal Europameisterin, eine Woche später zum dritten Mal Weltmeisterin im Eiskunstlauf. Am 26. März 1988 holt sie sich zum vierten Mal den Weltmeistertitel im Eiskunstlauf.

Steffi Graf und Boris Becker bei ihrer Auszeichnung als „Sportler des Jahres 1986".

Das Sandkastenverbot war nicht leicht für uns! Schließlich liebten wir es, im Sand zu buddeln.

Die schlimmste Katastrophe unserer Kindheit

Eine Aufregung der ganz anderen Art war die, die sich von einem Tag auf den anderen unter unseren Müttern und Vätern breitmachte. Vermutlich hätten wir auch gar nichts davon mitbekommen, wenn sich nicht urplötzlich ein Wandel in manchen unserer Gewohnheiten ereignet hätte.

Ende April, Anfang Mai, als alle großen Leute nur noch vom „Supergau" und Tschernobyl redeten, begannen sich ein paar Dinge zu verändern. Selbst der Mann aus dem Fernsehen sprach von nichts anderem mehr. Wir ahnten nicht, dass sich damals, am 26. April 1986, eine der größten Umweltkatastrophen der Geschichte ereignet hatte. Im sowjetischen Atomkraftwerk Tschernobyl war es zu einer schrecklichen Katastrophe gekommen. Durch eine Explosion im Kernreaktor waren riesige Mengen Radioaktivität freigesetzt worden. Jeder, der begreifen konnte, welch schreckliches Ausmaß dieser Unfall hatte, war erschüttert. So auch unsere Eltern. Unsere Mütter schienen besorgter um uns zu sein als vor diesem Ereignis Ende April. Den Kakao bekamen wir plötzlich anstatt mit frischer Vollmilch mit Wasser oder Milchpulver angerührt, in wilden Bächen plantschen war nicht mehr erlaubt. Und was wir gar nicht verstehen wollten, war das Sandkastenverbot, das wir über einen längeren Zeitraum auferlegt bekamen.

4. bis 6. Lebensjahr

Ein kleiner Schritt für die Menschheit, ein großer Schritt für uns

Selbst nach einem solch erschreckenden Ereignis kehrte irgendwann die Normalität zurück. Und gerade als wir das Gefühl hatten, es würde immerzu so gemütlich weitergehen – mit dem Spielen und dem Toben – wurde uns bewusst, dass dem wohl nicht so ist. Obwohl wir das Schuhebinden inzwischen wirklich beherrschten und wir sagen konnten, dass der Spruch: „Messer, Gabel, Schere, Licht ist für kleine Kinder nicht!", nicht mehr auf uns zutrifft, spürten wir auf einmal, dass es für uns doch noch einige Dinge zu erlernen gab. Noch vor dem Schwimmenlernen ohne Schwimmflügel stand Fahrradfahren ohne Stützräder auf dem Programm. Als unsere Väter eines sonnigen Tages zu uns kamen und sagten: „Wir lernen jetzt Fahrrad fahren!", stand uns die Überraschung ins Gesicht geschrieben. Mit dem Schraubenzieher in der einen Hand, uns Knirpsen an der anderen, unserem Fahrrad und einer Mission, die es zu erfüllen galt, gingen sie mit uns vors Haus. Seelenruhig wurden unter skeptischer Beobachtung unsererseits die Stützräder abmontiert. Wir konnten uns über dies befremdliche Szenario nur wundern. Aber bitte, dann eben ohne Stützen!

Manchmal waren sie zwar überaus störend, aber wir waren schon froh, dass wir unsere Schwimmflügel hatten!

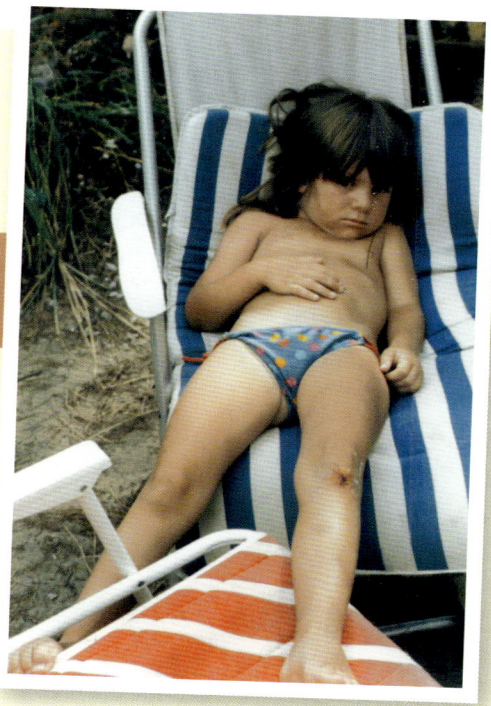

Nach etlichen Versuchen und fünfmal so vielen Schweißperlen auf der Stirn unserer Väter, fuhren wir endlich los. Noch etwas wackelig, aber ganz alleine, was wir durch die Jubelrufe und das begeisterte Klatschen hindurch erst verzögert begriffen. Kaum war uns klar, dass uns niemand mehr am Gepäckträger ausbalancierte, fielen wir um, was neben unserem neu gewonnenen Erfolgserlebnis zu einer Schramme am Knie führte. Trotz allem: Gelohnt hat es sich! Denn am Ende des Tages bekamen wir auf das lädierte Knie ein Kinderpflaster – geschmückt mit Giraffen und anderen Zoobewohnern –, ein riesengroßes Eis in der Waffel und einen stolzen Papa obendrauf.

Das Ozonloch

1985 schlagen Forscher der britischen Station Halley Bay in der Antarktis Alarm. Sie stellen fest, dass die Ozonsäule, die jeweils im Frühjahr über der Station gemessen wird, von 1977 bis 1984 um über 40 % abgenommen hat. 1987 untersucht eine internationale Expedition von Wissenschaftlern mit großem Auf-

wand und modernsten Instrumenten diesen Befund und bestätigt ein Ozonloch über der Arktis, verursacht durch Treibgase (FCKW). Das Thema Umweltschutz – bereits 1984 durch das Waldsterben in aller Munde – gewinnt einmal mehr an Bedeutung.

4. bis 6. Lebensjahr

Grundschulspaß im vereinten Deutschland

Die Toten Hosen.

„Und die Jahre ziehen ins Land …"

… so sangen es schon die Toten Hosen, wozu der eine oder andere von uns aus reinem Pubertätsprotest einige Jahre später lauthals mitgrölte. 1988, als wir im Kindergarten noch an nichts Böses dachten, hatten die Toten Hosen ihren großen Durchbruch. Etwas früher schon, 1986, brachten sie das Album „Damenwahl" heraus, auf dem auch das Lied „Bis zum bitteren Ende" zu finden war. „Und die Jahre ziehen ins Land …", sang Campino in diesem Song mit rauer Stimme. Die Jahre, die waren auch für uns ins Land gezogen und die Kindergartenzeit neigte sich dem Ende zu.

Chronik

24. März 1989
In Alaska ist Tanker Exxon Valdez auf Grund gelaufen. Etwa 40 000 Tonnen Rohöl fließen ins Meer und werden an die Arktische Küste gespült.

26. März 1989
Erste freie Wahlen in der Sowjetunion.

3./4. Juni 1989
Das chinesische Militär richtet ein Massaker auf dem „Platz des himmlischen Friedens" in Peking an. Tausende Studenten hatten den Platz monatelang besetzt und sich dadurch mehr Demokratie erhofft.

9. Juli 1989
Doppelsieg von Boris Becker und Steffi Graf bei den Tennismeisterschaften in Wimbledon.

8. Juli 1990
Die deutsche Mannschaft wird durch ein 1:0 gegen Titelverteidiger Argentinien zum dritten Mal Fußballweltmeister.

17. Januar 1991
Beginn des Zweiten Golfkriegs gegen den Irak aufgrund des vorausgegangenen irakischen Überfalls auf Kuwait. Bei dem 41 Tage andauernden Krieg sterben mehr als 100 000 Menschen unmittelbar.

19. September 1991
Ötzi, „der Mann aus dem Eis", wird gefunden. Entdeckt wird die etwa 5300 Jahre alte Gletschermumie in den Ötztaler Alpen in 3210 Meter Höhe.

8. Oktober 1991
Slowenien und Kroatien erringen nach drei Monaten Bürgerkrieg ihre Unabhängigkeit von Jugoslawien.

25. Dezember 1991
Gorbatschow erklärt nach der Auflösung der UdSSR und der Gründung der Gemeinschaft Unabhängiger Staaten (GUS) seinen Rücktritt.

3. März 1992
Bosnien-Herzegowina erklärt seine Unabhängigkeit.

3. November 1992
Bill Clinton von den Demokraten gewinnt die Präsidentenwahl in den USA.

Mit den ersten Freunden durch dick und dünn!

Wir hatten das erste Mal in unserem Leben dicke Freunde gefunden – mit ihnen an Geburtstagen tonnenweise Kuchen verschlungen und bis zum Umfallen „Topfschlagen" und „Blindekuh" gespielt. Ebenso begegneten wir unseren ersten Feinden. Feinde, die uns jedes Mal den mühsam gebauten Turm aus Holzklötzen – der mindestens so hoch war wie wir selbst – umschmissen und uns grundsätzlich, wenn wir ein Kunstwerk für unsere Mamas oder Papas zeichnen wollten, die schönsten Farbstifte vor der Nase wegschnappten. Wir hofften, dass die Freunde uns auf unserem Weg noch ein Stück begleiten würden und die Feinde in eine andere Klasse kommen mochten.

Auch hieß es Abschied nehmen vom Kindergarten, in den wir inzwischen wirklich gerne gingen. Wir bastelten bunte Schultüten und bereiteten uns darauf vor, bald schon lesen, schreiben und rechnen zu lernen.

7. bis 10. Lebensjahr

Sommer, Sonne, Eis am Stiel

Bevor wir unsere manchmal steinige Schullaufbahn mit all ihren Hürden auf uns nehmen sollten, stand erst einmal noch der Sommer vor der Tür.

Für die unter uns, die zu Hause blieben, hieß es mit dem Fahrrad – ohne Stützräder –, einer Tube Sonnencreme, aufblasbaren Gummitieren und einem Picknickkorb voller Leckereien an den See zu fahren, um dort den ganzen Tag auf der Luftmatratze dahinzutreiben, Schwimmen ohne Schwimmflügel zu üben und knackig braun zu werden.

Mittags durften wir zwischen einem Ed von Schleck, dem Flutschfinger und einem Minimilk Vanille oder Erdbeere wählen. Oder doch ein heiß begehrtes Magnum, das uns 1988 zum ersten Mal auf der Eiskarte des Kiosks entgegenstrahlte und bis heute gerne geschleckt und geknabbert wird. Wir fuhren in den Biergarten, auf Abenteuerspielplätze oder in den Zoo. Und dabei war das Schönste an den Sommerferien unumstritten: Wohin der Ausflug auch ging – überall gab es mindestens ein Eis am Stiel!

An manchen Tagen packten wir die Rollschuhe aus und rollten stundenlang im Hof umher. An anderen Tagen zogen wir unsere Bahnen im aufgeblasenen Minipool, lagen in der Sonne und betrachteten die selbst bemalten Postkarten aus Italien, Jugoslawien und Griechenland, die wir von den Freunden zugeschickt bekamen.

Wer nicht wegfuhr, verbrachte zu Hause schöne Ferien, oft auch mit dem einen oder anderen Wanderausflug.

Denn manch einer unter uns verreiste in den Süden. Mit Sack und Pack, den Eltern und Geschwistern und allem, was in das neu erworbene Wohnmobil Marke Badfort oder James Cook noch hineinpasste. Der alte VW-Bus war für eine Kleinfamilie und unser Lieblingsspielzeug, die Kinderbücher und Reisekassetten zu klein geworden. Dass die Reisekassette während der Fahrt rauf und runter lief, war natürlich Pflicht. Der Erzähler versorgte uns mit unterhaltsamen Reisespielen wie „Ich sehe was, was du nicht siehst" oder „Ich kenne ein Tier und das ist …" und witzigen Liedern mit Texten wie: „Jeder Popel fährt 'nen Opel, jeder Raudi einen Audi …"

Das waren sie, die Wohnungen für zwei Wochen!

Wenn die Sonne bei den Daheimgebliebenen einmal fernblieb und stattdessen Regen fiel, wussten wir uns zu helfen und fuhren einfach in der Wohnung mit unseren Rollschuhen herum. Spätestens bei diesem Anblick erlaubten uns unsere Eltern, auf dem hart ersparten Commodore 64, der Anfang des Jahres 1983 für den Startpreis von etwa 1500 DM auf dem deutschen Markt erschien, Pac Man oder Bubb e Bobble von der 5,25 Zoll-Diskette zu spielen. Eine so große Auswahl an Spielen hatte dieser Heimcomputer auch nicht. Trotz allem: Es war ein PC, ein C 64! Der erste, den es auf dem Markt zu kaufen gab.

Badespaß im Meer.

7. bis 10. Lebensjahr

Ging Mickey Maus auch mal zur Schule?

Als wir eingeschult wurden und hörten, wie alt Mickey Maus zu diesem Zeitpunkt schon war, nämlich ganze 61 Jahre – für uns also ein Opa! – fragten wir
uns zwangsläufig, ob diese pfiffige Maus auch jemals in die Schule gegangen
war! Zu dieser Zeit gab es schon den „Disney Club" im Fernsehen zu sehen,
der immer am Samstagvormittag auf ARD gezeigt wurde. Am 5. Januar 1991
war die Erstausstrahlung der Sendung. 1995 übernahm der Sender RTL den
„Disney Club" und die ARD zeigte die Kindersendung „Tigerenten Club".
Das Programm des „Disney Clubs" bestand aus einigen Comicserien wie
„DuckTales", „Chip und Chap", „Käpt'n Balu und seine tollkühne Crew", deren
Helden unsere Herzen gewannen. Die Zeichentricksendungen wurden von
dem Moderator Ralf Bauer angekündigt. Im Hintergrund war während seinen
Ansagen das Disneyland zu sehen und ab und zu plauderte Ralf mit Donald,
Goofy oder Mini. Mit unseren Eltern hatten wir eine Regel vereinbart, die
besagte, wir dürfen täglich eine Stunde fernsehen, wenn wir alle Hausaufgaben für den nächsten Tag erledigt haben. Also machten wir brav unsere
Aufgaben, bevor der „Disney Club" anfing, und freuten uns jeden Samstag
auf Ralf und die Disney-Figuren. Manchmal, wenn abends ein ganz besonders toller Kinderfilm, wie etwa „Ronja Räubertochter" oder „Das doppelte
Lottchen" gezeigt wurde, konnten wir auch ein paar Fernsehstunden mehr
herausschlagen.

Nun heißt es die Schulbank drücken

Die „Disney Club"-Sendung brachte jeden von uns früher oder später dazu, von einer Reise in das geliebte Disney Land zu träumen. Wir wussten ganz genau, dass das Disney Land – in dem wir Mickey und seine Freunde in echt treffen könnten – vorerst nur ein Traum bleiben würde. Denn wir waren jetzt Erstklässler und die nächsten Sommerferien, in denen zumindest die Zeit für eine solche Traumreise vorhanden wäre, lagen noch in weiter Ferne. Also schüttelten wir unsere Fantasievorstellungen ab und erfreuten uns zunächst an unseren selbst gebastelten Schultüten, die von unseren Mamas und Papas bis oben hin mit Süßigkeiten, neuen Bleistiften, Spitzern, Linealen, Radier-

Der erste Schultag.

gummis und was man sonst noch für den Schulalltag benötigte, gefüllt waren. Es war auch nicht Mickey, der uns an unserem ersten Schultag begleitete, sondern Uli, der Feherteufel. Der kleine rote Teufel wurde von Ellis Kaut – die auch die Mutter eines gewissen frechen Kobolds, des Pumuckls, ist – in den 70er-Jahren erfunden. Fast jeder Erstklässler hatte so einen. Manche Ulis waren kleiner, andere dicker, einige selbst gehäkelt, manche gekauft. Und auch in den Büchern, die wir damals in der ersten Klasse bekamen, tobte neben Mimi Maus und Tilo und Lilo Uli der Fehlerteufel über die Seiten. Er war uns ein treuer Freund, als alles gar so neu war.

Zum Glück hatten wir Uli, den Fehlerteufel, der uns beschützte.

Mauerfall und Deutsche Einheit

Am 13. August 1961 wird mitten durch Berlin eine 150 Kilometer lange Mauer gebaut, die den Osten vom Westen trennen soll. 28 Jahre später, im Jahr 1989, gerät diese Mauer ins Wanken.

2. Mai 1989

Ungarn öffnet die Grenzen als erstes Ostblockland. Der Weg nach Österreich und somit in den Westen wird frei, als Grenzsoldaten den Stacheldraht an der Grenze zu Österreich abmontieren. Über 100 000 Menschen stellen Ausreiseanträge, doch scheint sich nichts zu tun. So kommt es im Sommer 1989 zu mehrfachen Besetzungen u. a. von bundesdeutschen Botschaften im Osten.

11. September 1989

Ungarn öffnet die Grenze zu Österreich auch für DDR-Bürger. Eine Fluchtwelle in den Westen bricht aus.

30. September 1989

Nachdem Tausenden DDR-Flüchtlingen die Ausreise von der Tschechoslowakei nach Ungarn verweigert wird, kommt es erneut zu Besetzungen in Prag. Am 30. September knickt die Regierung ein und die DDR-Bürger dürfen in die Bundesrepublik ausreisen.

4. November 1989

Mit rund 500 000 Menschen findet die wohl größte Demonstration in der Geschichte der DDR statt. „Demokratie – Jetzt oder nie!" hört man es durch alle Straßen hallen.

9. November 1989

Günter Schabowski, Mitglied des Politbüros der Sozialistischen Einheitspartei Deutschland, verliest am Abend des 9. November während einer internationalen Pressekonferenz vor laufender Kamera eine neue Regelung zur Ausreise. In Zukunft sei es jedem Bürger ohne besondere Voraussetzung gestattet auszureisen. Eine Nachfrage seitens der Presse, ab wann diese Regel in Kraft trete, hat den Fall der Mauer zur Folge. Denn Schabowskis Antwort lautet: „Nach meiner Kenntnis ist das sofort, unverzüglich." Die Nachricht verbreitet sich unter der Bevölkerung der DDR wie ein Lauffeuer. Tausende strömen daraufhin zu den Grenzübergängen in Ostberlin. Die Grenzwachen wissen bisher von nichts, doch kurz vor Mitternacht entscheiden sich die ersten Soldaten, aufgrund des immer größer werdenden Menschenstroms an einigen Übergängen die Grenzen zu öffnen. Die Mauer zwischen Ost- und Westberlin, die 28 Jahre lang wie ein Eiserner Vorhang stand, ist damit gefallen. Fremde Menschen fallen sich überglücklich in die Arme. Der Abbau der Berliner Mauer beginnt.

1. Juli 1990

Die deutsche Währungsunion tritt in Kraft. Die DDR-Geldbestände werden 2:1 umgetauscht. Mit der Währung werden die Marktwirtschaft und die westdeutsche Sozialordnung in der DDR eingeführt.

23. August 1990

Nach monatelangen Verhandlungen fasst die Volkskammer der DDR den Beschluss, der BRD beizutreten.

3. Oktober 1990

Die DDR vollzieht ihren Beitritt zur Bundesrepublik. Tausende Menschen feiern die endgültige Wiedervereinigung und das Ende eines geteilten Deutschlands.

Die Wende kommt

Der Mauerfall in Berlin am 9. November 1989 bewegte Millionen Menschen. Auch unsere Eltern saßen gebannt vor dem Fernseher und schauten zu, wie Tausende über die Mauer kletterten, durch die Tore strömten, sich in die Arme fielen. Manche von uns, die in der Nähe wohnten, fuhren sogar mit ihren Eltern an den Ort des Geschehens und erlebten live die überwältigende Szenerie. Auch wenn wir noch nicht wirklich verstanden, was da gerade passierte, spürten wir doch, dass etwas ganz Besonderes vor sich ging. Erst als wir einige Jahre später im Unterricht mehr über die deutsche Geschichte erfuhren und die Klassenfahrt uns nach Berlin zu dieser Maurer führte, begriffen wir, wie bedeutend der Mauerfall am 9. November 1989 gewesen war.

Stillsitzen und ruhig sein

Die Schule machte damals fast allen von uns Spaß. Wir gründeten neue Freundschaften, durften schon etwas länger wach bleiben und lernten neue Spiele kennen. Und trotzdem, ein paar Dinge gab es, an die wir uns erst noch gewöhnen mussten. Wir konnten plötzlich nicht mehr herumlaufen, wann und wie wir wollten, und einfach losplappern war auch nicht mehr erlaubt. Das fiel gar nicht so leicht, die vielen wichtigen Wörter, die uns durch den Kopf purzelten, für uns zu behalten. Neben den neuen Regeln an die wir uns gewöhnen mussten, stellten wir eine weitere Veränderung fest. Wir hatten plötzlich viel weniger Zeit zum Spielen. Nach dem Mittagessen hieß es jetzt: „Erst werden die Hausaufgaben gemacht, dann darfst du deine LEGO-Stadt weiterbauen." Unser LEGO liebten wir nach wie vor heiß und innig. LEGO steht als Abkürzung für die dänischen Wörter „leg godt", was so viel bedeutet wie „spiel gut". Und das haben wir mit den bunten LEGO-Steinen stets gemacht.

Die von den Eltern neu eingeführte Erziehungsmaßnahme, erst Rechnen und Lesen üben, dann LEGO spielen, klappte nicht immer. Schließlich hatten wir nach wie vor zuckersüße Pausbacken, Stupsnasen und Unschuldsmienen. Und den alten Trick Hundeblick aufsetzen, Kulleraugen und Schmolllippe – hatten wir drauf. In den meisten Fällen funktionierte er noch – zumindest bei unseren Eltern. Unsere Lehrer zeigten sich wenig beeindruckt.

Lesespaß in Sprechblasen

Wirklich drücken konnten wir uns vor den Hausaufgaben natürlich nicht. Hatten wir uns dazu durchgerungen, unsere Schularbeiten zu erledigen, machte es oft sogar richtig Spaß. Lesen lernen beispielsweise hatte einen tollen Nebeneffekt. So fanden wir endlich heraus, was in den Sprechblasen von Asterix und Obelix stand und was Daisy zu Donald sagte. Besonders wichtig war die neu gewonnene Fähigkeit, um die Anleitung zur korrekten Aufzucht gewisser „Urzeit-krebse" lesen zu können. Die kleinen Urtierchen erstanden wir als Beigabe beim Kauf eines Yps-Heftes, das seit 1975 viele kleine Bastler und Forscher erfreute. Am Anfang hatten wir nur ein kleines Tütchen, das ein sonderbares Pulver enthielt. Daraus sollten die Urtierchen entstehen, wenn wir das Pulver in einem mittelgroßen, sauberen Glasbehälter mit genügend Wasser anrührten und genug Geduld aufbrachten. Sogar das Futter für die Krebse war schon dabei. Auch in den folgenden Ausgaben gab es je ein Päckchen Futter. Wirklich jeder aus der Schule hatte diese Tierchen und jeder war bemüht darum, sie möglichst lange am Leben zu erhalten.

Eine angenehme Veränderung war die Belohnung, die wir von unseren Omas für eine besonders gute Beurteilung und die guten Noten im Zeugnis bekamen. Für jedes „sehr gut" gab es zwei Mark. Ein „gut" brachte uns eine Mark ein und für jedes „befriedigend" bekamen wir, wenn wir Glück hatten, immerhin noch 50 Pfennig. Auch unsere Eltern lobten uns ausgiebig bei einem guten Jahreszeugnis und spendierten einen riesigen Eisbecher. Damit waren die Sommerferien auf ein Neues eingeläutet.

 © Egmont Ehapa Verlag

*Menschen bilden eine Lichterkette
gegen Fremdenfeindlichkeit.*

Die Lichterkette von 1992

Wir sind noch Kinder, gerade einmal neun Jahre alt, und bekommen noch nichts mit vom rechtsextremen Hass und der Gewalt, die sich in Deutschland wieder häufen. 1991 werden 1483 rechtsextreme Gewalttaten registriert, fünfeinhalbmal so viel wie 1990.

Tragisch und traurig sind Ereignisse wie jene, die sich im Herbst 1992 ereignen. Ausländerfeindliche Ausschreitungen nehmen bedrohliche Ausmaße an. In Deutschland brennen Häuser ausländischer Mitmenschen, die hier Zuflucht suchen. Vom 22. bis 26. August führen mehr als 1000 meist jugendliche Rechtsradikale Pogrome in der Zentralen Anlaufstelle für Asylbewerber in Rostock durch.

Als Reaktion auf die Gewalt mobilisieren vier Münchner Bürger Hunderte von Helfern und organisieren am 6. Dezember 1992 die erste Lichterkette in Deutsch-

land. Schauplatz ist München. Mehr als 400 000 Menschen setzen in der 45 Kilometer langen Lichterkette mit Kerzen in der Hand ein Zeichen gegen die Gewalt, das in der ganzen Welt registriert wird. Ein stiller Protest gegen Ausländerfeindlichkeit, Fremdenhass, Rechtsradikalismus und Antisemitismus in Deutschland.

Am 20. Dezember 1992 finden sich über 8000 Menschen am Kögraben in Düsseldorf zu einer Lichterkette zusammen, um gegen Rechts zu demonstrieren. Rund 250 000 Menschen protestieren am 25. Dezember 1992 in Berlin in einer etwa zehn Kilometer langen Lichterkette gemeinsam gegen Gewalt und Ausländerfeindlichkeit. Auch manche von uns stehen an diesen Abenden irgendwo mit ihren Eltern und einer Kerze in der Hand in einer der Lichterstraßen und bestaunen das Bild und die Stille.

7. bis 10. Lebensjahr

So sahen wir aus in der dritten Klasse.

Große Pause, das Schönste an der Schule

Da wir nun nachmittags nicht mehr so viel Zeit zum Spielen hatten, mussten wir die „große Pause" ausgiebig dafür nutzen! Die Mädchen unter uns hatten eine Vorliebe für Klatsch- und Hüpf-Spiele. Sie standen sich gegenüber, klatschten ihre kleinen Patschehände – mal die Linke auf die Rechte, mal beide Hände gleichzeitig – im Takt aufeinander und sangen lauthals „Beim Bäcker hat's gebrannt brannt brannt, da bin ich schnell gerannt rannt rannt …" oder „Empampie Kolonie Kolonastrix Empampie Kolonie …" dazu.

Die Jungs spielten schon damals am liebsten Fußball, mit einer leeren Safttüte, einer Kastanie oder einem Gummiball. Irgendwo auf der einen Seite des Pausenhofs, zwischen zwei Mülltonnen, war das eine Tor. Auf der gegen-überliegenden Seite bildeten zwei Scout-Schulranzen – von dem fast jeder von uns ein Modell in bunten Farben besaß – die Torpfosten. Alles dazwischen, also meist der gesamte, große Pausenhof, wurde zum Spielfeld umformiert. Spielregeln waren beim Pausenfußball nebensächlich. Nur ein wichtiges Gebot gab es, an das sich alle zu halten hatten: kein Schulhausfenster mit dem Ball zu treffen! Denn flog der Ball auch nur in die Nähe eines Fensters und die Pausenaufsicht bekam es mit, war das Spiel ganz schnell vorbei.

Wenn wir Jungs und Mädchen uns bei den Pausenhofspielen einmal zusam-mentaten, vergnügten wir uns mit „Ochs am Berg 1, 2, 3", „Kaiser, Kaiser wie viel Schritte darf ich gehen?" oder ganz klassisch mit Verstecken und Fangen.

Und im Winter, wenn Schnee fiel, wurde jeder Tag zu einer wilden Schnee-ballschlacht. Wir mussten mit guten Handschuhen ausgerüstet sein und flink im Schneeballkneten, denn in der Schlacht – in der alle gegen alle kämpften – ging es ums nackte Überleben, oder darum, einigermaßen trocken zu bleiben. So lange, bis ein wütender Lehrer auf den Pausenhof stürmte und die aufge-kratzte Meute zur Ordnung rief.

Nelson Mandela

Nelson Mandela (18. Juli 1918 – 5. Dezember 2013) ist einer der führenden Anti-Apartheid-Kämpfer in Südafrika. Sein Vater hat Mandela Rolihlahla getauft, was mit „am Ast eines Baumes ziehen" übersetzt wird. Umgangssprachlich bedeutet es so viel wie „Unruhestifter".

Nelson Mandela, der als junger Mann Jura studiert, engagiert sich schon früh für die sozialen, politischen und wirtschaftlichen Rechte der schwarzen Bevölkerung. Er tritt dem ANC (African National Congress) bei. Seit dem Wahlsieg der „Nation Party" 1948, durch den die Rassentrennung im Land ihren Lauf genommen hat, kämpft Mandela für die Rechte der schwarzen südafrikanischen Bürger.

Nelson Mandela wird ab den späten 50ern mehrfach angeklagt, verurteilt und inhaftiert. 1964 bekommt er eine lebenslange Haftstrafe. Auch im Gefängnis ist Mandela nicht untätig. Er kämpfte für eine bessere Behandlung der schwarzen Insassen, die im Gefängnis das schlech-tere Essen bekommen und noch härteren Bedingungen ausgesetzt sind als die Weißen.

1989 nimmt Frederik Willem de Klerk die Position des Vorsitzenden der „Nation Party" ein. Er wird Präsident und leitet die Freilassung Mandelas ein. Am 11. Februar 1990 wird Nelson Mandela nach 27 Jahren aus der Gefangenschaft entlassen. Zwei Jahre später erhält der letzte weiße Präsident des Kaplandes de Klerk aus dem Referendum am 17. März 1992 68,7 % Ja-Stimmen zur Fortsetzung seiner Reform. Dieses Ergebnis bedeutet einen wichtigen Schritt für das Ende der Apartheid in Südafrika.

Frederik Willem de Klerk und Nelson Rolihlahla Mandela erhalten 1993 gemeinsam den Friedensnobelpreis. Im April 1994 findet in Südafrika die erste demokratische Wahl statt, bei der jeder Bürger, ob schwarz oder weiß, seine Stimme abgeben darf. Anfang Mai 1994 wird Nelson Mandela der erste schwarze Präsident Südafrikas.

Nelson Mandela und Frederik de Klerk mit dem Friedennobelpreis.

7. bis 10. Lebensjahr

Trotz Kabbeleien, wir hatten sie schon lieb, die älteren Geschwister!

Der Tag, an dem uns der Weihnachtsmann verließ

Wer ältere Geschwister hat, musste früh lernen, dass unsere kindlichen Vorstellungen vom Leben oft nicht der Realität entsprachen. Netterweise klärten uns unsere großen Brüder oder älteren Schwestern über die Welt da draußen auf und und erzählten uns aus Rache dafür, weil wir frech waren oder weil sie mal wieder den ganzen Ärger von unseren Mamas abbekommen hatten, auch Dinge, die wir lieber noch nicht gewusst hätten.

Diese Aufklärung fand statt, wenn wir sie am wenigsten erwarteten. Ganz plötzlich standen unsere Geschwister seelenruhig in unserem Zimmer und sagten uns mit einem Grinsen im Gesicht: „Den Weihnachtsmann gibt es nicht!" Uns blieb die Spucke weg. Wir wurden im Gesicht ganz rot vor Zorn. Wie konnten unsere eigenen Geschwister nur so eine böse Lüge erzählen, wie konnten sie nur so etwas Unverschämtes behaupten! „Du bekommst dieses Jahr bestimmt keine Geschenke vom Weihnachtsmann!", war alles, was uns dazu einfiel. Da lachten sie nur, die gemeinen Geschwister, nannten uns kleine Babys und sagten, wir wären jetzt zu alt, um noch an den Weihnachtsmann zu glauben. Unser Zorn verwandelte sich in Scham und kleinlaut fragten wir, wie das mit dem Osterhasen und dem Nikolaus sei. Sekunden später wünschten wir uns, wir hätten nie gefragt. Denn die Antwort, die sie uns wie eine Ohrfeige hinpfefferten, gefiel uns ganz und gar nicht. „Gibt's auch nicht!", sagten die älteren Geschwister kurz und knapp und wendeten sich zum Gehen um.

Da saßen wir nun, allein in unseren Zimmern, mit der blöden Wahrheit. Verfluchten sowohl den Osterhasen und das Christkind wie auch unsere älteren Brüder oder Schwestern und fühlten uns, als hätte man uns ein kleines Stückchen Kindheit geraubt.

Beim nächsten Weihnachtsfest blickten wir verstohlen zwischen den Päckchen und unseren Eltern hin und her. Wir fragten uns insgeheim, wie unsere Eltern die vielen Geschenke unbemerkt an uns vorbeischummeln und unter den Baum legen konnten und ob es den Weihnachtsmann nicht doch gäbe. Aber ob die Weihnachtsgeschenke nun von unseren Mamas und Papas oder vom Christkind und vom Weihnachtsmann kamen, über die neue Puppe und das ferngesteuerte Auto freuten wir uns wie die Schneekönige.

Unsere älteren Geschwister waren ebenfalls fleißig am Auspacken. Unsere Prophezeiung, sie würden nichts bekommen, hatte sich somit nicht erfüllt. Wir mussten uns auch eingestehen, so übel waren unsere älteren Brüder und die großen Schwestern gar nicht. Sie nahmen uns oft mit raus in den Hof oder

spielten mit uns an Regentagen Monopoly und das Verrückte Labyrinth. Manchmal durften wir uns auch ihre Comics und die „Drei Fragezeichen"-Kassetten ausleihen. Und wenn wir ganz ehrlich sind, müssen wir zugeben, dass wir sie die meiste Zeit über sehr lieb hatten.

Und wie wir strahlten an Weihnachten!

Ja, nein, vielleicht ...

1993-
1996

Noch sind wir nicht wirklich
cool, aber was nicht ist,
kann ja noch werden!

In uns, an uns und um uns herum: Veränderung

Vier Jahre Alphabet, Plus und Minus lernen lagen nun hinter uns. Wir waren zu
zehnjährigen Halbwüchsigen herangewachsen, die gespannt darauf warteten,
was in Bezug auf ihre schulische Karriere als Nächstes passieren würde. Ob
Hauptschule oder Gymnasium, in die fünfte Klasse zu kommen fanden wir
zunächst einmal überaus ärgerlich. Da waren wir in der Grundschule endlich
die Ältesten und Schlausten gewesen, die schon die meiste Erfahrung vorwei-
sen konnten – denen somit auch der größte Respekt gebührte – um schließlich

Die Jungs gingen meistens in einen Fußballverein.

Chronik

1. Januar 1993
Die Tschechoslowakei wird in eine Tschechische und eine Slowakische Republik geteilt.

20. Januar 1993
Bill Clinton wird der Nachfolger von Bush Senior und somit 42. Präsident der USA.

Oktober 1993
In Deutschland werden mit Aids infizierte Blutkonserven gefunden.

2. September 1993
In den deutschen Kinos läuft Steven Spielbergs „Jurassic Park" an. Der Film wird zum bisher erfolgreichsten Film der Geschichte.

6. Mai 1994
Eröffnung des Eurotunnels. Er verläuft unter dem Ärmelkanal und verbindet England und Frankreich miteinander.

18. Juli 1994
Der Bürgerkrieg in Ruanda, der mehr als 500 000 Tote zum Opfer hatte, ist für beendet erklärt.

28. September 1994
Die Ostsee-Fähre Estonia sinkt, mehrere Hundert Menschen kommen ums Leben.

26. März 1995
Zwischen sieben EU-Staaten werden die Grenzkontrollen aufgehoben.

14. Dezember 1995
Die Staatspräsidenten von Kroatien, Serbien und Bosnien-Herzegowina unterzeichnen nach vier Jahren Krieg auf dem Balkan ein Friedensabkommen.

1. Juli 1996
In Wien wird eine Absichtserklärung über die neue Rechtschreibreform unterzeichnet, die ab 1. August 1998 in deutschen Schulen und Behörden gelten soll.

28. August 1996
Prinz Charles von England und Prinzessin Diana lassen sich nach 15 Ehejahren scheiden.

wieder die Kleinsten und Jüngsten zu sein, auf denen alle rumhacken durften. In alldem konnten wir nur einen Sinn erkennen: Wir mussten zusammenhaten, nur gemeinsam waren wir stärker als die Acht- und Neuntklässler. So entstand unter uns eine enge Klassengemeinschaft.

Mit dem Eintritt in die weiterführende Schule waren wir nicht nur von einem Tag auf den anderen erneut die Jüngsten, es begann sich auch für uns, in uns und um uns herum einiges zu wandeln. Wissenschaftler aus der ganzen Welt bemühten sich redlich, Doppelgänger, sogenannte Klone, zu produzieren. Auch wir versuchten uns zu klonen, passten uns vielen Grüppchen an und hofften so, einen der Plätze in einer der Cliquen zu ergattern. Mit unseren 12, 13 Jahren wollten wir sein wie alle anderen, selbst wenn das bedeutete, Buffalos mit einer fünf Zentimeter hohen Sohle zu tragen. Es war uns in erster Linie wichtig, was die Klassenkameraden von uns dachten. So wurden einige Dinge, die uns bisher unwichtig erschienen waren, wie etwa

Haarfrisuren oder Musik, hochinteressant. Unsere Körper begannen sich zu verändern und die Menschen um uns herum stellten nach und nach das ewige „Wangengekneife" und „Kopfgetätschle" ein.

Nicht jeder besuchte bis zum Abschluss seiner Schulzeit die Hauptschule, die Realschule oder das Gymnasium, in die er zu Beginn der fünften Klasse eingestuft wurde. Einige von uns wechselten nach zwei Jahren oder etwas später zwischen den Schulen hin und her. Von der Hauptschule auf die Realschule, von der Realschule auf das Gymnasium. Wieder die Neuen, wieder lauter fremde Gesichter war das damit verbundene Schicksal.

Ebenso brach nun die Zeit an, in der wir zum ersten Mal außerhalb der Schule neue Freunde fanden. Es war die Ära der Sportvereine und Musikschulen, des Konfirmanden- und des Nachhilfeunterrichts. Überall stießen wir auf neue Namen und Geschichten und die alten Gesichter unserer Kindergartenfreunde fingen oftmals an zu verblassen.

Die Rechtschreibreform

Am 1. Juli 1996 verpflichteten sich die deutschen Bundesländer, Österreich, die Schweiz, Liechtenstein und weitere Staaten mit deutschsprachigen Bevölkerungsteilen durch die Wiener Absichtserklärung zur Neuregelung der deutschen Rechtschreibung, die neue Orthografie bis zum 1. August 1998 einzuführen. Einige Bundesländer führten sie bereits mit Schulbeginn 1996/1997 im Unterricht ein.

Es entbrannte ein Wettrennen um die Herausgabe der ersten Wörterbücher in neuer Rechtschreibung. Für die Verlage zahlte sich die Rechtschreibreform aus: Für viele Jahre belegte der Duden Spitzenplätze auf Bestsellerlisten; der Schulbuchmarkt erlebte eine Sonderkonjunktur. In der breiten Öffentlichkeit begann eine heftige Diskussion über Sinn und Zweck der Neuregelungen. Erklärtes Ziel der Rechtschreibreform war es, das Schreiben und das Schreibenlernen zu erleichtern. Dagegen wird eingewandt, dass insbesondere Kinder, die viel lesen, zwangsläufig auch auf Texte in alter Rechtschreibung stoßen. Dadurch würden sie nicht mehr intuitiv die gelesene Schreibweise verwenden können, sondern jeweils über die einzelnen Worte nachdenken müssen.

Auf der Frankfurter Buchmesse 1996 sprachen sich Hunderte von Schriftstellern und Wissenschaftlern in einer Erklärung für einen Stopp der Reform aus. Das Bundesverfassungsgericht erklärte jedoch 1998 die Einführung der neuen Rechtschreibung für rechtmäßig. Nach einigen weiteren Änderungen trat sie schließlich 2006 in Kraft.

Wenn wir einmal verliebt waren, bekamen wir das Grinsen gar nicht mehr aus dem Gesicht.

Der erste Liebesbrief

Als wir mit unseren frischgebackenen elf oder zwölf Jahren im Geschichtsunterricht saßen, neben unserer Banknachbarin und neuen Freundin Lisa oder dem coolen Sportass Philip, traf es uns wie ein Blitz. Kurz bevor er einschlug, bat uns Herr Maier noch, die Geschichtsbücher auf Seite 34 aufzuschlagen. Wir schauten kurz in das Buch hinein, entschieden uns dann aber doch dafür, vor uns hin zu träumen. Während wir unseren Blick durchs Klassenzimmer streifen ließen, wollte er einfach nicht weiterschweifen, als wir bei Susi mit den süßen Zöpfen oder wahlweise Florian, dem ewigen Klassenkasper, ankamen. „Was ist da los?", fragten wir uns im Geheimen und fingen an, uns Gedanken über jenen Hinterkopf, auf den wir da starrten, zu machen. Wir fühlten uns, als hätte jemand heimlich Watte in unsere Ohren gesteckt. Uns schwirrte der Kopf. Verwirrung schlich sich ein, die sich ganz fremd anfühlte, unser Hirn ganz benebelt machte und uns völlig aus der Bahn warf.

Was passierte nur mit uns? Wir waren verliebt, zum allerersten Mal und unsterblich noch dazu! Manche unter uns 83ern, die mutig genug waren, schrieben noch am selben Tag mit zitternder Hand ihren ersten Liebesbrief. Einige Glückspilze bekamen ihren ersten Liebesbrief per Mittelsmann zugesteckt. Und ein paar von uns waren stets der Mittelsmann. Die Person des Vertrauens. Der Einzige, der den Überblick darüber behalten konnte, wer mit wem geht, wer noch frei ist und wer sich nicht entscheiden kann.

Die kleinen Zettelchen enthielten immer den einen bedeutungsschweren Text: „Willst du mit mir gehen? Kreuze an!" Und darunter waren drei freihändig

43

Ich bin zu der Entscheidung gekommen daß ich mit dir gehen will.
Willst du auch kreuz an

□ *Nein*   □ *Ja*

gezeichnete, wackelige, annähernd quadratische Kästchen zu sehen, die sich durch die Beschriftungen JA, NEIN und VIELLEICHT unterschieden. Nur die Anzahl der Herzchen, die den Liebesbrief zierten, variierte von Anwärter zu Anwärter. Manche Verliebten gaben sich besonders viel Mühe und malten die Herzen mit rotem und rosa Filzstift aus. So kamen wir also zu unserer ersten Freundin oder unserem ersten Freund, mit dem wir im Pausenhof heimlich kleine Blicke austauschten, mit der wir nach Schulschluss Händchen haltend zu den Fahrradständern schlenderten. Mit dem wir „gingen"! Von der wir sagen konnten: „Ich geh jetzt mit der!" Und wenn grad keiner hinsah, gab es sogar ein Küsschen auf die Wange und für die wirklich Wilden unter uns mitten auf den Mund.

Poesie und Leidenschaft

Trotz der Tatsache, dass wir jetzt schon jemand „Festes" hatten, „in den wir verliebt waren" und „mit dem wir gingen", waren wir noch nicht zu alt, Besitzer eines wunderschönen Poesiealbums zu sein. Dies wanderte durch die Hände aller Mitschüler.

Wer viele Einträge vorzeigen konnte, genoss einen hohen Beliebtheitsgrad. Durch ein volles Poesiealbum stieg das Ansehen der Besitzerin. Denn ein so beliebtes Mädchen wollte jeder gerne zur Freundin haben. Auch Eltern, Geschwister und andere Verwandte waren befugt, ein paar nette Zeilen zu hinterlassen. Ein gern gewähltes Sprüchlein war:

„Hab Sonne im Herzen, ob's stürmt oder schneit, ob der Himmel voll Wolken, die Erde voll Leid, hab ein Lied auf den Lippen, verlier nie den Mut, hab Sonne im Herzen und alles wird gut." Die Jungs hinterließen lieber ein paar kurze Zeilen wie: „Hab Sonne im Herzen und Zwiebeln im Bauch, dann kannst du gut pupsen und stinken tut's auch."

Eine weitere neu entdeckte Leidenschaft war das Sammeln. Da gab es die Sticker in allen Formen und Farben, quietschend bunt, glitzernd und aus weichem Stoff. Sie wurden fein säuberlich in ein Stickeralbum geklebt, immer wieder umsortiert und mit anderen Stickeralbumbesitzern gesichtet und getauscht.

Andere verloren ihr Herz an eine Springmaus namens Diddl. Zu Beginn, etwa 1991, gab es die niedliche Springmaus mit den riesengroßen Ohren nur auf Postkarten zu sehen. Doch dort war sie in jeglicher Gefühlslage, mit Torten oder Geschenken, Sonnenbrille oder Schwimmreifen, weinend, verliebt, verärgert oder lachend abgebildet. Auch von den süßen Sprüchen über Liebe und Freundschaft waren wir überaus angetan. Zum Geburtstag war die ideale Karte eine Diddl-Karte, auf der „Happy Birthday" stand.

Die putzige Springmaus in Latzhose war ein voller Erfolg. Gestalteten unsere Lehrer den Unterricht nicht spannend genug, waren sie nicht mit Adlersaugen und dem Ruf, streng zu sein, gesegnet, wurden Mäuse abgezeichnet und an die Lieblingsklassenkameradinnen verschenkt. So dauerte es auch nicht lange, bis es Briefpapier und Blöcke mit Diddl-Aufdruck gab. Jeder Papierbogen war wertvoll wie ein Schatz. Hatte man einen ganzen Diddl-Block, konnte man die einzelnen Seiten gegen Blätter mit anderen Diddl-Motiven tauschen Und hatten wir 83er-Mädchen einen Verehrer, der besonders verliebt war und schlau, bekamen wir ein Briefchen mit Diddl-Herz-Motiv. Da fiel die Entscheidung, das Ja-Kästchen anzukreuzen, nur noch halb so schwer.

Die Freude über jeden neuen Eintrag war groß.

Auch die Backstreet Boys schlichen sich in viele Mädchenherzen.

Boygroups

Die Musik der 90er-Jahre wurde bestimmt von Boygroups – hübschen Jungs, die über Liebe und ihren Schmerz sangen. Sie waren für viele Mädchen unter uns der Grund ihrer schlaflosen Nächte.

Für die 83er-Jungs waren sie der Tod, da die zu perfekten Superstars die Herzen ihrer Angebeteten bereits geklaut hatten. Und wie sollte man mit 13 an einen Nick Carter oder Brian Harvey, Mark Owen oder Justin Timberlake mit ihrem Zahnpastalächeln und ihren super Muskel-Bodys schon rankommen! Noch dazu, wo wir Mädchen uns tatsächlich alle einbildeten, die hypersüßen Boys sängen ihre Lieder einzig und allein für uns. Denn schließlich wussten sie zu hundert Prozent, wie es in unserem Herzen aussah. Dass es in Millionen 13 Jahre alter Mädchenherzen gleich aussah, war uns nicht bewusst. Wer waren sie, unsere auf ein Podest gestellten, von glänzendem Nebel umhüllten Traumprinzen?

Thake That, die 1990 ihre Musikkarriere starteten, lösten als erste Boygroup der 90er-Jahre – wie einst die Beatles – eine Massenhysterie aus. 1992 bekamen Take That Konkurrenz von **Caught in the Act**, einem Holland-England-Mix aus vier Jungs, und **East 17**, vier heißen Briten. Ein Jahr später versuchten auch die frisch aus dem Ei gepellten Amerikaner von den **Backstreet Boys** ihr Glück im Popbusiness. Mit Erfolg. Ein weiteres Jahr verging und vier weitere Boys setzten ihre Bemühungen unter dem Namen ***NSYNC** in die Eroberung der vielen Teenager-Herzen.

Doch zurück zu Take That: Am 13. Februar 1996 löste sich die beliebteste Boygroup der 90er-Jahre auf. Bereits Robbies Austritt aus der Band am 17. Juli 1995 schockte einige Fans, denn für viele unter uns war der Sunnyboy der Lieblings-Take-That. Nach dem tatsächlichen Aus und dem letzten Konzert von Mark, Howard, Jason und Gary stieg die Verzweiflung ins Unermessliche. Und das nicht nur unter den trauernden Teenies. Auch Millionen von Müttern wussten sich nicht mehr zu helfen. Es wurden Sorgentelefone eingerichtet, die nicht mehr stillstanden. Die Trennung der vier hübschen Engländer brachte Diskussionen über die Beeinflussung von jungen Mädchen durch die Medien zutage. Selbst eine deutsche Hip-Hop-Band namens Blumentopf schrieb einen Song über das Medienspektakel. „6 Meter 90" hieß das Lied, in dem „ein weiteres Opfer von Boygroup-Fanatismus" nach dem letzten Auftritt von Take That aus dem Fenster sprang. Der Schmerz war groß. Und während sich die vielen Fans in ihrem dunklen Zimmer unter Tränen „Baba" und „Back for Good" anhörten, wuchs die Gewissheit, sie würden ihre geliebten Helden, die es mit „Never Forget" bereits sangen, niemals vergessen.

Damals war alles
neu und aufregend.

Kuscheln rockt

Die Leidenschaft für die Diddl-Maus ließ ein wenig nach, wir wurden Teenies und bekamen auf einmal das Gefühl, von zwei verschiedenen Planeten zu stammen. Doch war dies noch lange nicht die einzige Veränderung.

Die Musik fing an eine wichtige Rolle in unserem Leben zu spielen. Früher hörten wir Radio oder lauschten einer Schallplatte unserer Eltern. Schallplatten hören war allerdings out! Denn die coolen Leute hörten jetzt die Bravo-Hits auf CD. Wir hüpften in unseren Zimmern zu „I Wanna Be A Hippy" auf und ab, sangen lauthals bei Take That mit und lernten den Text von „Sie ist weg" auswendig.

Nie verkehrt war es, die neueste Kuschelrock-CD zu besitzen. Die erste Kuschelrock-CD erschien etwa 1989, als wir sechs Jahre alt waren und lieber noch dem „Kleinen Gespenst" und anderen unserer Kinder-kassetten lauschten. Jetzt kramten wir diese nur noch manchmal aus der untersten Schublade unseres Schreibti-sches hervor, um sie heimlich zum Einschlafen anzuhören.

Bloß nicht zu viel lachen, sonst sieht jemand die Zahnspange …

Ließen Mädchenherzen dahinschmelzen – Take That.

Mit unseren 13 Jahren war uns die neue Kuschelrock Volume 10 eine gute Hilfe. Für uns war der Mix aus ungefähr 20 durchgehend schnulzigen Liedern perfekt gewählt. Wir kannten jeden Takt von „Killing Me Softly", „Father And Son" und „I Just Can't Stop Loving You". Während wir der Stimme von Celine Dion lauschten, träumten wir von der ersten großen Liebe. Bei Liebeskummer halfen uns Whitney Houston, 3T und Bruce Springsteen dabei, literweise Tränen zu vergießen. Take That und die Backstreet Boys durften natürlich unter keinen Umständen auf der neuen „Kuschelrock" fehlen! „How Deep Is Your Love?" und „I Never Break Your Heart" dröhnte es aus den Teenie-Zimmern. Auch wenn wir nicht genau wussten, was die hypersüßen Boys da sangen, so wussten wir doch genau, sie singen es nur für uns. Unsere Liebe war tief und unsere Herzen gehörten für immer Nick und Howie, Marc und Robbie. Wir zerflossen vor Sehnsucht nach ihnen und malten auf alles, was wir finden konnten, Herzen mit ihren Namen.

Die Jungs aus unsere Klasse verstanden weniger, was wir an den „Schleimern" so toll fanden, aber hätten sie eines der Boygroup-Mitglieder live getroffen, so hätten sie ihm anerkennend auf die Schulter geklopft und gefragt: „Man, wie machst du das nur, Kumpel?!"

Flaschen drehen und Schieber tanzen

Als wir auf die erste richtige „Party" eingeladen wurden, waren wir so aufgeregt, dass wir uns fast nicht getraut hätten, hinzugehen. Wir bekamen auch keine selbst gebastelte Einladungskarte, auf der umrandet von handgezeichneten Blumen oder Luftballons in Schönschrift stand, wo und wann wir zu erscheinen hatten. Wir bekamen während des Unterrichts einen Schmierzettel zugeschoben, auf dem stand: „Kommst du zu meiner Party?" Man schrieb dann zurück: „Wann ist sie denn?" Der Zettel ging noch viermal hin und her, bis man schließlich alle nötigen Informationen gesammelt hatte. Oder das Telefon klingelte und man wurde darum gebeten zu kommen und ein oder zwei weiteren Freunden Bescheid zu sagen. Die Geburtstagsfete ging auch nicht mehr um 13 Uhr mittags los, sondern erst um 18 Uhr abends. Anstatt Kuchen, Limonade und Würstchen gab es Chips, Cola und das eine oder andere heimlich reingeschmuggelte alkoholische Getränk. Topfschlagen wurde durch Wahrheit oder Pflicht ersetzt, Blindekuh durch Flaschendrehen. So lernten wir mit der Zunge küssen, ob wir wollten oder nicht, denn mit 13, 14 war der Gruppenzwang noch hoch und man wollte schließlich nicht sein restliches Leben als uncool gelten.

Auf manchen Partys wurde sogar getanzt. Erst zu den rockigen Liedern der neusten Bravo-Hits-CD. Wir hüpften und wackelten zu „Shut Ab (And Sleep With Me)" und „Eine Insel mit zwei Bergen". Wir rappten den zuvor extra noch auswendig gelernten Text zu „Sie Ist Weg" von den Fantastischen Vier mit und taten alle so, als fänden wir die Kelly Family peinlich, als Lied Nummer 13 „First Time" gespielt wurde.

Zur späteren Stunde, gegen neun Uhr, waren wir alle sehr froh, dass einer von uns die neue Kuschelrock dabei hatte. Das Licht wurde gedimmt und die Mädchen warteten mit rasendem Herzen darauf, aufgefordert zu werden. Michael Jackson lief mit „I Just Can't Stop Loving You". Am Anfang tanzten wir

11. bis 14. Lebensjahr

Die erste Clique,
die erste Party,
so wurden wir 14 …

sehr vorsichtig. Der Junge legte seine Hände auf die Hüften des Mädchens. Sie legte die ihren auf die Schultern des Partners. So hatten wir genug Sicherheitsabstand zwischen uns. Als wir mutiger wurden, rutschten wir etwas näher zusammen. Und schließlich überwanden wir uns zu der letzten Stufe des Schieber-Tanzes. Wir hielten uns eng umschlungen aneinander fest und drehten uns dabei im Kreis. Die Jungs konzentrierten sich darauf, dem Mädchen nicht „aus Versehen" an den Po zu langen. Die Mädchen legten ihren Kopf auf der Schulter des Jungen ab und träumten von ihren Helden der diversen Boybands.

Ein Hoch auf „unsere Leute"

Spätestens mit 13, 14 Jahren hatte sich fast jeder von uns eine „Clique" gesucht, in der man nicht nur ausgiebig sein Sozialverhalten üben konnte. Manche Cliquen entstanden in der Schule, manche in diversen Jugendzentren. Einige unter uns rutschten durch eine alte Freundin oder einen Kumpel aus dem Nachhilfeunterricht oder dem Sportverein in ein solch Grüppchen, dem man sich verbunden fühlte. Loyalität wurde großgeschrieben, denn die Clique gab uns Sicherheit. In den Pausen standen wir nur aufgrund des Bestehens unserer Clique nicht „planlos" auf dem zu großen Pausenhof herum. Wir konnten uns mit in einen Kreis einordnen, der dem Rest der Welt den Rücken zukehrte.

Nach dem Unterricht, der im Sommer auch einmal früher endete, bekamen wir die Chance, den hausaufgabenfreien Tag am See oder im Freibad zu verbringen. Hier bot sich uns ein – eben noch im Klassenzimmer erträumter – perfekter Sommertag. Im Schwimmbad, wo sich Tausende Gleichaltrige tummelten, die uns beäugten und musterten, war es der Gedanke an „unsere Leute", der uns locker lässig und sicheren Schrittes über die Liegewiese marschieren ließ – ohne zu stolpern. Denn wir wussten, eine dieser Gruppen gehört zu uns und bietet uns Schutz und Unterschlupf.

Sie hatten auch noch andere Vorteile, unsere kleinen Zweimann-Gruppen oder etwas größeren Cliquen. Jetzt wo uns die Pubertät im Nacken gepackt hatte, jetzt, da uns niemand mehr verstand, entlastete uns das Wissen darüber, zu einem kleinen Kreis zu gehören, dessen Mitglieder so „tickten" wie wir. Wir waren genauer betrachtet Teil einer „Selbsthilfegruppe" geworden, in der wir uns verstanden fühlten und die uns Mut gab, die ersten elterlichen Ketten zu sprengen! Unsere Clique war die Wiege der ersten Rebellionen gegen jegliche Art von Autorität. Mit „unseren Leuten" an der Seite testeten wir unsere Grenzen aus – auch gerne einmal dadurch, dass wir sie in gemeinsamer Sache überschritten. Unsere Widersacher im Kampf für unsere Rechte waren „die Erwachsenen" und im Speziellen die Eltern und die Lehrer.

Sensations-Schaf

Am 5. Juli 1996 wird ein Weltstar geboren, über den noch einige von uns ein Referat im Biologieunterricht halten werden. Das geklonte Schaf Dolly kommt zur Welt.

Schöpfer sind Ian Wilmut und andere schlaue Köpfe des schottischen Roslin-Instituts in der Nähe von Edinburgh. Ihnen gelingt zum ersten Mal in der Geschichte, was viele Forscher und Wissenschaftler schon versuchten. Sie schaffen es, die Zelle eines sechs Jahre alten Schafs in ein Embryostadium zurückzuversetzen. Eine Leihmutter, ebenfalls ein walisisches

Schaf, trägt das Embryo aus. Das neugeborene Schaf Dolly hat noch sieben Monate Schonzeit, bevor es die gesamte Weltaufmerksamkeit auf sich zieht und zum Superstar erkoren wird. Auch wenn sich die Geister von Anbeginn an der damit eingeläuteten Ära des Klonens scheiden, so kennt wirklich jeder Dolly, das Schaf.

Nach sechs Jahren müssen die Forscher die traurige Nachricht über Dollys Tod verkünden. Im Durchschnitt werden Schafe elf bis zwölf Jahre alt, doch Dolly schien schneller zu altern.

Party bis zum Untergang

Manchmal war die Mode auch etwas schräg.

Hilfe, Pubertät!

Die Mode stand auf Platz eins der Liste der Dinge, die uns wirklich interessierten. Mode und die Frage: „Wann werde ich das erste Mal Sex haben? Und mit wem?" „Gehst du mit wem?" kam gleich auf Platz zwei, gefolgt von „Bist du in einen?". In Besitz der neuen Bravo zu kommen, war ebenfalls überaus wichtig, denn Doktor Sommer lieferte uns den Stoff, mit dem wir vielleicht eines Tages all die Geheimnisse über die eigene

Chronik

24. Februar 1997
Das geklonte Schaf Dolly wird der Öffentlichkeit vorgestellt.

31. August 1997
Prinzessin Diana verunglückt tödlich bei einem Autounfall in Paris.

3. Juni 1998
In Eschede sterben bei einem schweren ICE-Zugunglück 101 Menschen.

27. Oktober 1998
Gerhard Schröder (SPD) wird zum siebten deutschen Bundeskanzler gewählt.

1. Juli 1999
Johannes Rau (SPD) wird zum neuen Bundespräsidenten gewählt.

3. September 1999
Die Quizsendung „Wer wird Millionär?" mit Günther Jauch startet.

10. Januar 2000
Der CDU-Vorsitzende Wolfgang Schäuble gesteht, in die CDU-Spendenaffäre verwickelt zu sein. So wird im Jahr 2000 die CDU-Spendenaffäre, in die auch Ex-Bundeskanzler Helmut Kohl verwickelt ist, so weit wie möglich aufgedeckt.

7. Mai 2000
Wladimir Putin wird zum russischen Staatspräsidenten gewählt.

27. November 2000
Georg W. Bush geht als Sieger der Präsidentschaftswahl in den USA hervor.

17. Juli 2001
Das Gesetz zur Eingetragenen Lebenspartnerschaft homosexueller Paare wird vom Bundesverfassungsgericht bestätigt.

7. Oktober 2001
Als Folge des Anschlags vom 11. September beginnt ein erbitterter Krieg gegen die Taliban und al-Qaida.

3. Dezember 2001
Deutsche Schüler erreichen in der „Pisa"-Studie nur Platz 25.

31. Dezember 2001
Der Euro kommt, die Deutsche Mark ist für den letzten Tag alleiniges Zahlungsmittel in der Bundesrepublik.

Wenn es zum Skateboardprofi nicht reichte, wollte man wenigstens Skateboardrocker werden.

Sexualität, das Verliebtsein und die Liebe lüften würden. Platz fünf teilten sich die Diskussion „Wie lange darf ich auf der Party bleiben?" und die Frage „Werde ich Skateboard- oder Fußballprofi?". Ansonsten beschäftigte uns noch die richtige Ausdrucksweise, wozu vor allem die Benutzung der Vorsilben sau-, hyper-, super-, voll-, end-, hammer-, mega- und der Adjektive geil, krass, ätzend, cool, korrekt mit oder ohne entsprechende Steigerung gehörten. Dann kam lange, lange Zeit nichts und irgendwann, circa auf Platz 61, beschäftigten wir uns mit den ausstehenden Noten der letzten Physik- oder Englisch-Ex.

Das Leben wurde mit 14 nicht leichter. Im Gegenteil, es war nun scheinbar am Gipfel der Kompliziertheit angelangt: „Alle sind gegen uns!" Zumindest fühlte es sich so an. Die Lehrer waren ungerecht, egal was sie taten, unsere

Eltern – die wir in der Öffentlichkeit nur noch mit Dad und Mum oder ihren Vornamen betitelten – verstanden uns nicht mehr, und alle Menschen des Planeten Erde, die nicht zu unseren Freunden gehörten, waren so uncool, dass es sich nicht lohnte, mit ihnen zu reden, geschweige denn ihnen Beachtung zu schenken. So ging es uns im tiefsten Inneren unserer pubertierenden Herzen. Die Mädchen vertrauten es nur ihrem Tagebuch an. Die Jungs schwiegen einfach, denn Gefühle jeglicher Art waren momentan ebenfalls uncool. Das Schwierige daran war für uns wahrscheinlich die Tatsache, dass wir selber oft gar nicht wussten, was mit uns los war. Unsere Lehrer und Eltern sprachen zwar von Hormonen, die plötzlich in unserem Körper ausgeschüttet wurden, und der Pubertät – mit der sie unsere Trotzigkeit, unsere Rebellion, unsere Unverschämtheiten und die ganze Bandbreite unseres Verhaltens entschuldig-

ten –, aber in unseren Ohren hörte sich auch das völlig schwachsinnig an.

Eine bittere Nebenerscheinung dieser Pubertät, mit der einige von uns zu kämpfen hatten, war das plötzliche Auftreten von Mitessern und Pickeln. Wir legten all unsere Hoffnung in Clearasil. Als wäre das nicht Qual genug, musste sich manch einer unter uns auch noch mit der Schande einer Brille oder einer festen Zahnspange arrangieren. Eine weitere Laune der Natur, die unserem

54

Körper entsprang, war der plötzliche Haarwuchs an ungewöhnlichen Stellen. Die 83er-Jungs trugen zunächst jedes neue Barthaar stolz zur Schau, bevor sie schließlich doch zu Rasierschaum und Klinge griffen – jemand hatte ihnen geflüstert, dass die Haare durch das Rasieren schneller wachsen und mehr werden. Die Mädchen unter uns fingen an, vereinzelte Haare unter den Armen, an den Beinen und manche sogar bereits im Schambereich zu entfernen.

Auch die Form der Partnersuche wandelte sich. Die „Willst-du-mit-mir-gehen?"-Zettel wurden durch einen Freund ersetzt, der auf Expedition geschickt wurde, um der oder dem Angebeteten auf den Zahn zu fühlen. Leicht hatten es die gleichaltrigen Jungs in Sache Liebe immer noch nicht. Abgesehen davon, dass sie „nur das eine" nicht aus dem Kopf bekamen, standen die Mädchen meist auf „Männer", die mindestens zwei Jahre älter waren als sie.

Die Sonnenbrille durfte zum Cool-Sein natürlich nicht fehlen.

Eine Frage des Alters

So kam es, dass viele der 14-jährigen Jungs davon träumten, älter zu sein. Aber auch die Mädchen wünschten sich sehnlich, die 14, 15, 16 und 17 zu überspringen, damit die Welt endlich verstand, dass sie nicht mehr länger erwachsen werden mussten, sondern dies schon lange waren! Dies bewiesen wir unserem Umfeld täglich aufs Neue, wenn wir uns nicht gerade darum bemühten, unglaublich cool zu sein, was in der Regel Vorrang hatte. Seinen Coolness-Faktor konnte man durch verschiedenste „Accessoires" oder Handlungen erhöhen. Da gab es beispielsweise den Scaller, mit dem einige unter uns beeindruckten, bevor es zum „Muss" wurde, ein Handy zu besitzen. Ein Scall war ein von der Deutschen Telekom entwickelter Pager, der 1997 etwa 140 DM kostete und kleine Textnachrichten empfangen konnte.

Ein weiteres „Spielzeug", das sich einige Monate einer großen Beliebtheit erfreute, war das Tamagotchi, das 1996 in Japan erfunden wurde und ein Jahr

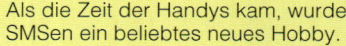

Das Tamagotchi
brauchte unsere Fürsorge.

Als die Zeit der Handys kam, wurde
SMSen ein beliebtes neues Hobby.

später in Deutschland erhältlich war. Bei dem elektronischen Spielzeug handelte es sich um ein virtuelles Haustier, das in einer Art tragbarem Computer in der Größe eines Schlüsselanhängers eingesperrt war. Unsere Aufgabe war es, das Tier, meist ein Küken, zu versorgen. Es piepste, wenn es Zuneigung bekommen, essen oder spielen wollte, und starb, wenn wir es ignorierten.

Gerne unterstrichen wir unsere Coolness auch mit dem Paffen von Zigaretten. Was wir vor dem Schulhof ausgiebig zur Schau stellten, versuchten wir vor der Wohnungstür mit Handcreme und Kaugummi zu vertuschen.

Die Angst vor dem Rinderwahnsinn

Ein „Wort des Jahres" 1999 ist: Rindfleischetikettierungsüberwachungsaufgabenübertragungsgesetz. Und das zu Recht! Anlass für dieses Gesetz ist die in Deutschland grassierende Tierkrankheit Bovine Spongiforme Enzephalopathie (BSE), auch Rinderwahnsinn genannt. BSE ist auf den Menschen übertragbar und kann Hirnschäden verursachen.

Erste Verdachtsfälle auf BSE gibt es in Deutschland bereits Anfang der 90er-Jahre, denen wird jedoch nicht weiter nachgegangen. Am 26. November 2000 wird der erste offiziell nachgewiesene Fall amtlich bestätigt. Bis Februar 2005 werden circa 360 Fälle von BSE in Deutschland nachgewiesen. Eine wesentlich höhere Dunkelzifferzahl wird vermutet, da die Tiere meist vorher schon geschlachtet wurden. Am 24. November 2000 wird nach einem Test erstmals bei einem in Deutschland geborenen Rind BSE festgestellt. Als Reaktion auf die in Deutschland grassierende BSE-Krise tritt am 2. Dezember 2000 in der Bundesrepublik das Gesetz in Kraft, welches das Verfüttern von Tiermehl verbietet.

Ein Schlückchen zu viel führte auch hin und wieder zu Albernheit!

It's Time For Party

Der Wunsch, älter zu sein, beherrschte nach wie vor unser Denken. Doch mindestens im gleichen Maße begannen wir langsam an den Partys unseren Spaß zu finden. Eine Party war für uns die perfekte Spielwiese, um flirten, knutschen und trinken zu üben und allen vorzuführen, wie lässig wir waren. Die Feiern zum 16. Geburtstag – unserem Ziel schon etwas näher – sahen nun doch anders aus als jene Geburtstagsfeten, die wir mit 13 Partys nannten. Für Gastgeber gab es einige Partyregeln zu beachten: Die Feier durfte frühestens auf acht Uhr angesetzt sein. Damit sie in den Gedächtnissen der Gäste blieb, musste Bier – das wir nun auch ganz offiziell trinken durften – in rauen Mengen vorhanden sein und einige heimlich besorgten Schnäpse wie Jägermeister, Tequila oder Apfelkorn. Ein bis zwei Flaschen Bacardi, Wodka oder Rum, um sie mit Cola oder Orangensaft genießbar zu machen, durften auch nicht fehlen. Das Wichtigste und auch das schwerste Kriterium, um sich den hundertpro-zentigen Fetenerfolg zu sichern, war die richtige Mucke. Einfach die neueste Bravo-Hits-CD aufzulegen und durchlaufen zu lassen, war inzwischen total out. Ein DJ musste her. Und ein gesunder Mix aus Liedern, zu denen getanzt und mitgegrölt werden konnte und die die richtige Stimmung erzeugten.

Hatte einer „sturmfrei", sah der Kühlschrank der Eltern auch mal so aus …

… und die Zimmer der Wohnung dementsprechend.

15. bis 18. Lebensjahr

Ebenfalls existierte eine Liste mit Punkten, die für das richtige Partyverhalten unumgänglich waren. Nummer eins: Bloß nicht zu früh erscheinen. Nummer zwei: Niemals alleine auftauchen. Nummer drei: Gelangweilt wirken. Nummer vier: Immer ein Getränk zum Anstoßen bereithalten. Nummer fünf (das galt für die Jungs unter uns): Niemals tanzen. Und Nummer sechs: Das perfekte Outfit tragen.

PISA-Studie

Seit dem Jahr 2000 werden aufgrund internationaler Vereinbarungen in dreijährigem Turnus von den jeweiligen Regierungen, in Deutschland von der Kultusministerkonferenz, sogenannte PISA-Studien (Programme for International Student Assessment) durchgeführt. Sie haben zum Ziel, alltagsrelevante Kenntnisse und Fähigkeiten 15-jähriger Schülerinnen und Schüler zu messen. An PISA 2000 nehmen 32 Staaten teil, darunter Deutschland, Österreich und die Schweiz. PISA löst ein heftiges Medienecho aus, in Deutschland wird das Wort zum Inbegriff fast aller Probleme des Bildungswesens.

Untersucht werden bisher die Bereiche Lesekompetenz, Mathematik und Naturwissenschaften. Bei der Auswertung landet Deutschland im hinteren Mittelfeld (hinter den USA). Neben dem schlechten Gesamtergebnis fällt auf, dass in Deutschland die soziale Herkunft stärker als in jedem anderen Land über Bildungschancen entscheidet. Die Wahrscheinlichkeit, ein Gymnasium zu besuchen, ist bei Akademikerkindern gegenüber Facharbeiterkindern trotz gleicher Lese- und Mathematikkompetenz mehr als viermal so hoch, in Bayern sogar siebenmal so hoch.

Manche probierten sich auch in der gewählten Musikrichtung selber aus.

Schönheit liegt im Auge des Betrachters

Mit 16 lag es uns fern, gesellschaftstauglich auszusehen, mit 16 bestand unsere Priorität darin, individuell zu sein, uns anders als die anderen zu stylen – womit in erster Linie die „Großen" gemeint waren – und die Gesellschaft zu schockieren. Auch die Entscheidung für eine der vielen Musikrichtungen gehörte zu unserer Persönlichkeitsentwicklung. Es gab fünf große Kategorien, denen wir uns zuordnen konnten. Es gab die unter uns, die auf elektronische Musik schworen, Techno, House, Drum and Bass. Manche jungen Leute bevorzugten Hip-Hop, die einen deutschsprachigen Hip-Hop wie Fanta 4, Fettes Brot, 5 Sterne Deluxe sowie Freundeskreis, die anderen den Gangster-Hip-Hop, 2Pac, Eminem, Busta Rhimes.

Einige Cliquen favorisierten Punk und Skate-Punk oder Reggae. Und natürlich gab es unter uns auch viele, die alles hörten, was VIVA gerade auf Platz eins verfrachtete.

Ob Punk oder Hip-Hop, Reggae oder Elektro, unsere auserwählten Musiker zeigten uns, wie man auszusehen hatte. So kam es, dass einige dazu übergingen, ihre am Boden schleifenden Hosen in den Kniekehlen zu tragen. T-Shirts

Hatte ein Kerl Dreads, konnten selbst die Männer nicht widerstehen!

und Pullover wurden drei Nummern zu groß gekauft. Als Skater oder Hip-Hopper musste man Cappys und Sneakers tragen. Nur die Marke – Nike oder Vans – verriet, zu welcher Truppe man gehörte. Im Sommer wurden die Turnschuhe durch Flip-Flops ersetzt. Diejenigen unter uns, die Punk hörten, schockten ihre Eltern eines Tages mit blau, grün oder rot gefärbten Haaren. Die neu gekaufte Jeans wurde erst einmal mit der Schere bearbeitet und Nietengürtel hingen nicht für den Halt, sondern zur Zierde um unsere Hüften. Neben dem Irokesenschnitt und der Igelfrisur entschieden sich nicht nur Reggae-Begeisterte, sondern auch einige andere dazu, ihr Haar verfilzen zu lassen. Da half auch das Kopfschütteln der Mums und Dads nichts mehr, Dreads mussten her.

Eine weitere Modeerscheinung, mit der wir dachten unsere Einzigartigkeit zu unterstreichen, war das Piercen und Tätowieren. Im Sommer konnte man reihenweise Mädchen mit engen Hüfthosen und bauchfreien Tops bestaunen, die ihre neuen Bauchnabel-Piercings und Steißbein-Tattoos vorführten.

Mit unserer Mode trafen wir nicht jedermanns Geschmack, aber das war schließlich auch selten unser Ziel. Wir wollten besonders sein und etwas nie da Gewesenes leben. Und obwohl viele der Modestile schon vertreten waren, fühlte es sich für uns doch so an, als wären wir die Ersten.

Nachdem der erste Schreck verflogen war und sich auch unsere Eltern an den Anblick ihrer Kinder gewöhnt hatten, ging die Welt dazu über, sich Sorgen darüber zu machen, ob wir die nächste Jahreswende von 1999 auf 2000 überleben. Die totale Sonnenfinsternis am 11. August 1999 war nicht nur schön anzusehen. Sie bestärkte auch die Ängste vieler Menschen. So wurden der Weltuntergang, das völlige Chaos und der Absturz der Computer auf der ganzen Welt vorausgesagt. Wir hatten unterdessen unsere eigenen Probleme und verfielen an manchen Tagen – an denen selbst die Wahl der Klamotten und der richtigen Band zu Nebensächlichkeiten wurden – in unseren ganz privaten Weltschmerz und dachten uns: „Soll sie doch untergehen, die Welt …"

Geteiltes Leid ist halbes Leid … zusammen den Weltschmerz begießen geht auch.

Ein neues Jahrtausend hat begonnen

Sie ging nicht unter, die Welt, sie drehte sich unbekümmert weiter. Und die Volljährigkeit rückte immer näher. Für einige von uns bedeutete dies, dass sie ihren langen, langen Weg als Schüler nun zu Ende gegangen waren, was natürlich gebührend gefeiert werden musste. Wie es weitergehen sollte, darüber wollten wir zunächst einmal lieber nicht nachdenken. Wir mussten gar nicht mehr so dringend volljährig werden. Inzwischen war uns klar geworden, dass älter sein nicht nur Vorteile mit sich bringt. Klar, wir konnten unseren Führerschein machen, was uns wie ein Versprechen der großen Freiheit erschien. Wir durften nun wählen gehen. Und wir durften in jeden Club der Stadt. Aber wir mussten auch mehr und mehr Verantwortung übernehmen und anfangen, ernsthaft über die Zukunft nachzudenken. Wir mussten lernen, auf eigenen Beinen zu stehen.

Einige von uns hatten bereits mit einer Lehre begonnen und waren uns anderen einen Schritt voraus. Andere mussten vom Feiern Abstand halten und für die große Abschlussprüfung lernen. Doch wo wir im Leben auch gerade standen, es schlich sich bei vielen der Gedanke ein: „Nichts hat sich verändert, aber alles ist anders." Es wurden Pläne geschmiedet. Die meisten sehnten sich danach, etwas anderes zu sehen, als in ihrer Heimatstadt. Wir sprachen davon auszuziehen und zu studieren. Wir setzten uns gegenseitig in

Ein letzter unbeschwerter Sommer …

euphorische Gemütsstimmung, wenn wir uns von dem Wunsch erzählten, ein Jahr durch die Weltgeschichte zu reisen – „Work and Travel" in Australien, als Au-pair nach Amerika, mit dem Rucksack durch Indien. Wir philosophierten über die große Auswahl an Möglichkeiten, die sich uns eröffneten. Diskutierten über „Big Brother" und andere – unserer Meinung nach peinliche – neue Fernsehsendungen und versuchten uns vorzustellen, wo wir wohl in zehn Jahren sein würden und wer uns dann begleiten würde.

Das alles fühlte sich schwer nach einem neuen Abschnitt in unserem Leben an. Nach Veränderung und ein bisschen nach Abschied. Vielleicht von der Kindheit und von der Jugend – auch wenn wir noch lange nicht „erwachsen" waren.

Doch bevor das Leben aufs Neue beginnen sollte, planten wir, gemeinsam mit unseren Freunden in den Urlaub zu fahren. Mit Rucksack und Sonnenbrille, Zelt und Campingkocher. Wir faulenzten gemeinsam am Meer, schrieben

… am besten direkt am Meer.

lustige Karten an die zu Hause Gebliebenen, saßen am Lagerfeuer, tranken literweise Wein und freuten uns mit einer kindlichen Neugierde darauf, wie es wohl in unserem Leben weitergehen würde und wie es werden würde, wenn wir nicht nur volljährig, sondern erwachsen wären.

Weil die Sonnenbrillen uns gar so gut stehen.

Alptraum 11. September

Wir alle bekamen es mit, saßen gebannt vor dem Fernseher und starrten ungläubig auf den Bildschirm. Im ersten Moment dachten wir, die Szenerie, die sich immer und immer wieder vor unseren Augen abspielte, sei Werbung für ein neues Playstation-Spiel oder die Vorschau für einen Film, der demnächst in den Kinos anlaufen würde. Aber so war es nicht. Was wir da sahen, war echt und umso erschreckender.

Das Telefon klingelte und irgendwer fragte durch den Hörer: „Hast du den Fernseher an? Hast du es gesehen?" Jeder von uns sah es, den ganzen Tag wurde nichts anderes gezeigt. Wir waren fassungslos.

In die Zwillingstürme des World Trade Centers in New York City (USA) waren zwei entführte Flugzeuge geflogen. Um 8 Uhr 46 bohrte sich das erste Flugzeug mit etwa 760 Stundenkilometer, eine Boeing 767, in den Nord-Turm des World Trade Center. Der Turm brannte. Um 9 Uhr 5 stürzte ein zweites Flugzeug in den Süd-Turm. Eine Stunde später fiel der erste Turm wie ein Kartenhaus in sich zusammen. Nur circa 13 Minuten später sackte auch der zweite Turm in sich zusammen. Eine dicke Ascheschicht überzog die unmittelbare Umgebung. Menschen stürzten aus zersplitterten Fenstern in den Tod. Die Leute auf der Straße liefen panisch um ihr Leben.

Die Bilder, die uns über den Bildschirm erreichten, brannten sich in unsere Köpfe ein. Bei diesem schrecklichen Terroranschlag kamen etwa 3000 Menschen ums Leben. Dieser Terroranschlag sollte unsere Welt nachhaltig verändern.